Otto Eduard Schmidt

Die handschriftliche Überlieferung der Briefe Ciceros

Otto Eduard Schmidt

Die handschriftliche Überlieferung der Briefe Ciceros

ISBN/EAN: 9783743447745

Hergestellt in Europa, USA, Kanada, Australien, Japan

Cover: Foto ©ninafisch / pixelio.de

Weitere Bücher finden Sie auf **www.hansebooks.com**

DIE
HANDSCHRIFTLICHE UEBERLIEFERUNG
DER BRIEFE CICEROS

AN

ATTICUS, Q. CICERO, M. BRUTUS

IN ITALIEN

VON

OTTO EDUARD SCHMIDT.

Des X. Bandes der Abhandlungen der philologisch-historischen Classe der Königl.
Sächsischen Gesellschaft der Wissenschaften
Nº IV.

MIT VIER TAFELN.

LEIPZIG

BEI S. HIRZEL.

1887.

Vom Verfasser übergeben den 17. Januar 1997.
Der Abdruck vollendet den 9. April 1997.

DIE
HANDSCHRIFTLICHE UEBERLIEFERUNG
DER BRIEFE CICEROS
AN ATTICUS, Q. CICERO, M. BRUTUS
IN ITALIEN
VON
OTTO EDUARD SCHMIDT.

(VORGELEGT VON DEM ORDENTLICHEN MITGLIEDE RIBBECK.)

Erstes Kapitel.
Der Codex M 49, 18.

§ 1.
Die Besitzer der Handschrift.

Ausser der Subscriptio des Codex selbst: *hic liber est Colucii pyeri de Stignano: Donatus acciaiolus emit A Donato arretino leonardi filio* ist das älteste Zeugniss über die Besitzer der Handschrift eine Stelle aus Cap. 53 der Miscellanea des Angelo Poliziano: *In codice autem, quem fuisse aiunt Francisci Petrarchae primitus, certe Colucci Salutati dein fuit et post hunc Leonardi Aretini, mox et Donati Acciaioli, virorum suae cuiusque aetatis eruditissimorum, sic adhuc extat etc.* In den zweifelnden Worten des Poliziano *quem fuisse aiunt Francisci Petrarchae* liegt die Wurzel für den zuerst von Victorius ausgesprochenen, dann von Bandini und Mehus weiter begründeten Irrthum, dass unsere Handschrift Eigenthum Petrarcas gewesen, ja sogar von diesem selbst geschrieben worden sei. Der Glaube daran wurde zu einem Fundamentalsatze für die Kritik der ciceronianischen Briefe, besonders seitdem sich Orelli in seiner Ausgabe der Briefe bemüht hatte, diese Satzung zu festigen. Aber nachdem Th. Mommsen schon in den vierziger Jahren zu der Ueberzeugung gekommen war, dass nicht der ganze Codex von Petrarca geschrieben sei, wurde von Georg Voigt und Anton Viertel[1] fast gleichzeitig und fast

---

[1] Georg Voigt »Ueber die handschriftliche Ueberlieferung von Ciceros Briefen« in den Berichten der K. S. G. d. W. 1879, S. 41—65. Anton Viertel »Die Wiederauffindung von Ciceros Briefen durch Petrarca.« Königsberg 1879.

mit den gleichen Mitteln das Märchengewebe über die Herkunft und den ersten Besitzer des Mediceus 49, 18 zerrissen und nachgewiesen, dass diese Handschrift c. 1392 zu Mailand von Lohnschreibern im Auftrage des Kanzlers Pasquino de' Capelli für den Florentiner Kanzler Coluccio Salutato geschrieben worden ist. Als zweiter Besitzer der Handschrift wurde darnach Niccolo Niccoli von mir nachgewiesen[2], nach dessen Tode (1437) dieselbe in das Eigenthum des Lionardo Bruni überging. Vom Vater erbte das Buch 1443 der Sohn, Donato Bruni. Er empfand nicht die Verpflichtung, die litterarischen Schätze des grossen Vaters der Familie zu erhalten, denn er verkaufte die Handschrift Coluccio's an den reichen Donato Acciaiuoli, welcher als feiner Latinist und gewandter Uebersetzer Plutarchischer Lebensbeschreibungen bekannt ist[3] und 1478 zu Mailand starb. Die Schicksale der Handschrift nach Acciaiuoli's Tode sind dunkel; doch war sie, wie wir oben sahen, dem Angelo Poliziano zugänglich, dessen Miscellanea 1489 zuerst gedruckt worden sind. War die Handschrift damals im Kloster S. Marco, wo Poliziano als Mönch lebte? Gewiss nicht, sonst würde es kaum zu erklären sein, wie die Handschrift später wieder in Privatbesitz gelangte. Ich vermuthe, dass unser Codex damals bereits in der Mediceischen Privatbibliothek verwahrt wurde, wie die berühmte Handschrift der andern Briefgruppe M 49, 9, welche Poliziano ebenfalls benutzt hat. Die Herrschaft der Medici brach 1494 zusammen und Pietro musste in eiliger Flucht die Stadt verlassen; der Palast der Familie wurde erst vom Volke, später auch von den Franzosen geplündert. Damals gingen ausser vielen Kunstgegenständen auch manche Bücher in fremden Besitz über[4]; so kommt es, dass sie später ein ignobilis grammaticus besass, von dem sie an Bartolomeo Cavalcantes und endlich an Victorius überging. Der letztere schreibt an Bartolomeo Cavalcantes (Victorii ep. I, 5): *cum enim domi tuae antiquum illud ab Angelo Politiano laudatum illarum epistolarum exemplar vidissem, quod disparem sortem ab ea, quam ille ei tributam dicit, multos sane annos expertum fuerat, eripueras enim tu illud e manibus ignobilis gramma-*

---

2) Rhein. Mus. 1885, S. 618 f.
3) Vgl. Vespasiano Spic. Rom. I S. 434 f.
4) L. Mendelssohn in Fleck. Jahrb. 1884 S. 850.

tici, apud quem diu latuerat, a te sumpsi illud et summa cura, quae in eo a vulgari lectione discrepabant, notari etc. Die Erwerbung der Handschrift durch Victorius fällt vor das Jahr 1536, denn in diesem Jahre erschien bereits die Ausgabe, deren Grundlage der Mediceus bildete. Victorius behielt die Handschrift in seinem Hause und wurde von der Ueberzeugung ihres Werthes, wie ihres petrarchischen Ursprungs von Tag zu Tag mehr durchdrungen [5]. Nach Vollendung der zweiten Ausgabe der Briefe ad Atticum, also wohl 1574, schenkte Victorius das ehemalige Exemplar Coluccio's mit andern Codices der Mediceischen Bibliothek, welche damals schon ihr herrliches, von Michel Angelo entworfenes, von Vasari vollendetes Gebäude in San Lorenzo bezogen hatte. Hier auf dem Pluteus XLVIIII in durchaus würdiger Gesellschaft der vornehmsten Schätze, welche die klassische Welt uns hinterlassen hat, fand die alte Handschrift nach fast 200jähriger Wanderschaft ihren stillen, weihevollen Ruheplatz. Möge für allezeit der schöne Wunsch des Victorius in Erfüllung gehen, mit welchem er die Schenkung begleitet hat: . . *amor me impulit, ut ipsum collocarem in pulcherrima ac copiosissima totius orbis Medicea bibliotheca: ita namque ille magis ab omni periculo vacuus erit, quam si in privata domo custodiretur, et in claro illustrique loco positus ante oculos non solum meos verum etiam studiosorum omnium manebit.* —

§ 2.
Der Text der manus prima.

Nach einigen leeren Blättern beginnt der Text Bl. 1 mit den Worten *CICERO BRVTO SALVTEM. L. Clodius etc.* ohne irgend eine Buchüberschrift, wie sie sich doch weiterhin regelmässig beim Anfange eines neuen Buches findet, nicht einmal eine farbige Initiale hat der Schreiber gezeichnet. Daraus folgt, dass entweder M 49, 18 am Anfang verstümmelt worden ist, oder dass sein Archetypus sich in diesem Zustande befand. — Bl. 14: *Ad Brutum $\widehat{Ep}$larum $\widehat{lib}$ 17' explicit, Incipit ad Q. $\widehat{epla\rho}$, $\widehat{lib}$ 14'*. Diese beiden Zahlen, welche

---

[5] Vgl. Victorius' Vorrede zur II. Ausgabe z. B. bei Graevius Cic. ep. ad Att. 1684 T. II hinter dem Texte S. 32 ff.

offenbar *secundus* und *tertius* bedeuten sollen, rühren von m 1; doch wurde später das unverständliche *ıȷ̃* — da man doch nur ein Buch der Brutusbriefe kannte — durch Rasur des ersten Striches in *I* verwandelt, gleichzeitig wurde auch von der zweiten Zahl der erste Strich radirt[6]. Endlich aber wurden durch je einen dünnen Strich auf der Rasurstelle die Lesarten der m. 1 wiederhergestellt. Baiter's Angabe hierüber ist falsch. Ich bin in der glücklichen Lage, die Richtigkeit meiner Lesung in diesem Falle durch ein wichtiges Zeugniss aus dem Archetypus des Mediceus, aus dem Veronensis selbst, noch wahrscheinlicher zu machen. D. Detlefsen hat in Fleck. Jahrb. 1863 S. 552f. auf einen Codex der Veroneser Capitularbibliothek aufmerksam gemacht, welcher im Jahre 1329 von einem unbekannten Verfasser geschrieben »*flores moralium auctoritatum*« enthält, in denen auch zweimal Ciceros Briefe ad M. Brut. citirt werden, nämlich II, 2: *Cic. li. 3 epl. ad Brutum* und in III, 15: *Tulius in quadam ep. ad Brutum*. Die citirten Worte selbst hatte Detlefsen wegen Kürze der Zeit nicht ausgeschrieben. Mich interessirte das erste Citat besonders, weil es allenfalls eine Spur von verlorenen Brutusbriefen enthalten konnte. Aber auch mir war es bei meiner Anwesenheit in Verona wegen momentaner Unpässlichkeit des Bibliothekars nicht verstattet den Codex bibl. Capit. No. CLXVIII, der das genannte Florilegium enthält, einzusehen. Indessen war der liebenswürdige Bibliothekar des Kapitels Monsignor Graf Giuliari auf meine Bitte so gütig, mir die betr. Stellen zu excerpiren. Darnach lautet die Stelle *Cic. li. 3 epl. ad Brutum*: *vicit amentia leuissimi hominis nostram prudentiam* und die andere: *Nichil enim minus hominis uidetur quam non respondere in amore hys a quibus prouocere*. Die erste Stelle steht ad M. Brut. I, 15, 9, die andere ad M. Brut. I, 1, 1, beide Stellen stammen also aus dem sogenannten I. Buche der Brutusbriefe. Wie ist aber der Verfasser des Florilegiums dazu gekommen, dasselbe als liber 3 zu citiren? Offenbar auf dieselbe Weise, vermöge deren der Schreiber m. 1 des M 49, 18 die Brutusbriefe als liber secundus bezeichnete, nämlich durch falsche Lesung einer etwas undeutlich geschriebenen

---

6) Wahrscheinlich stammen diese Rasuren aus der Zeit, in welcher man alle Bücher dieser Gruppe fortlaufend numerirte, wie z. B. in M 49, 23.

Zahl des Veronensis: denn im Veronensis stand wohl ursprünglich weder *17* noch *II7*, sondern eine, weil unverstandene, mechanisch abgemalte, etwas undeutliche *17* = IX als Buchzahl der Brutusbriefe. Der zweite Theil der Subscriptio auf Bl. 14 des M 49, 18 lautete wohl im Archetypus: *Incipiut ad Q. eplaṟq lib III*. Natürlich ist der Fall nicht ausgeschlossen, dass diese Subscriptio schon in der Vorlage des Veronensis nicht mehr ganz correct war — soviel aber ist hiernach sicher, dass die Benennung der im Mediceus überlieferten Brutusbriefe als lib. I jeder handschriftlichen Begründung entbehrt. Wir werden vielmehr durch das handschriftliche Material auf die Buchzahl IX hingewiesen, welche von Nonius p. 421 für die Briefe des sogenannten I. Buches ad M. Brut. überliefert wird. Demnach ist in der Subscriptio des Bl. 14 zu restituiren: *Ad Brutum Eplarum lib IX explicit*. Dass aber dieses IX. Buch der Brutusbriefe ursprünglich auch die Briefe des sogenannten II. Buches mit umfasste, scheint aus dem Codex uetus Cratander's [7], sowie aus einem jetzt verlorenen, ehemaligen Codex Papiensis (s. S. 49) hervorzugehen.

Bl. 27': *M̃. T̃. cic̃er epistula r̃ ad quitū fratrẽ. ‖ . incipit liber*.

Bl. 37: *Marci tullii Ciceronis epistolarum ad Quintū fratrē ÷ explicit liber secundus incipit liber tertius. Lege feliciter* [am Rande ÷ *explicatur*]

Bl. 49: (nach der epistula ad Octavianum.) *M. Tullii Ciceronis epistolae lege feliciter* m. 1, durchstrichen und darunter von jüngerer Hand *M. Tullii Ciceronis epistula ad Octauium explicatur*. In der Subscriptio m. 1 haben wir noch einen Hinweis darauf, dass das Corpus der Briefe ad M. Brut., ad Q. und der Brief ad Oct. ursprünglich, getrennt von den Briefen an Atticus, für sich existirte.

Bl. 226' schliesst die Handschrift A XVI, 16, 8 *seruentur magnam*; es folgt ein Füllschnörkel und unmittelbar dahinter, mitten in der Zeile anschliessend, die wichtige Unterschrift: *hic liber est Colucii pyeri de Stignano: Donatus acciaiolus emit A Donato arretino leonardi filio*. — Aus diesem Thatbestand folgt, dass der Veronensis am Ende verstümmelt war und dass auch Coluccio, als er seinen Besitzvermerk eintrug, nicht im Stande war, das fehlende Schluss-

---

7) Vgl. Gurlitt Fleck. Jahrb 1885 S. 662 f.

stück zu beschaffen. Es zeigt aber M 49, 18 eine noch grössere
Lücke Bl. 58, A I, 18, 1, wo der Text von *descendimus* gleich auf
qualem (I, 19, ∤) überspringt. Es fehlen also im Format von Wesenberg's Ausgabe c. 7 Seiten. Dabei findet sich über *descendimus* das
Zeichen ɸ und zwischen diesem Worte und *qualem* unten das
Zeichen ʌ. Das erstere Zeichen ist grösser am Rande wiederholt
ɸ und dazugeschrieben: *hic deficit coplementum ; at magna ͞epla* m. 6
(s. S. 79), dann folgt kleiner q͞re *ad signum* (s. S. 79 f.). Es ist natürlich eine für die ganze Ueberlieferungsgeschichte wichtige Frage, ob
M 18 das hier fehlende Stück ursprünglich gehabt habe. H. Ebeling[8]
hat, gestützt auf eine Untersuchung über die Paginirung der Handschrift, diese Frage bejaht und meint, dass schon vom Schreiber der
m. 1 oder einem gleichzeitigen Corrector die fehlenden Blätter mit
dem Zeichen ɸ nachgetragen worden seien. Aber der schlagendste
Beweis, dass die Verweisungszeichen nicht von m. 1 herrühren, ja
dass sie noch nicht einmal bei Colnccio's Tode (1406) eingetragen
waren, liegt darin, dass eine unten zu besprechende Abschrift des
M 18, welche Poggio im Jahre 1408 eigenhändig besorgte, noch
keine Spur davon zeigt, dass man hier eine Lücke erkannt, ge-
schweige denn, dass man um ihre Ausfüllung gewusst hätte. —
Nach den Schreibern, die bei der Herstellung der Handschrift thätig
waren, zerfällt der Text erster Hand in 11 Abtheilungen: doch hat
vielleicht auch ein Schreiber mehrere Abtheilungen geschrieben[9].
Demnach war der Veronensis vor der Copirung in kleinere Theile
zerlegt worden, falls dies nicht schon der Zahn der Zeit besorgt
hatte. Das Corpus I bildeten die Briefe ad Br. ad Q. und die ep.
ad Oct., in M 18 Bl. 1—48. Jeder Schreiber hat innerhalb des
ihm zugewiesenen Gebietes Schreibfehler, Dittographien etc. verbessert z. B. ad Br. I, 10, 4 hat m. 1 hinter *ingrauescit enim* das
zuerst übersehene *in dies* eingeschoben. — Eine Neigung der Schreiber,
den Text durch eigne Conjecturen zu verbessern, habe ich nirgends
angetroffen. Denn wenn auch m. 1 A II, 6, 1 bei *Erathostenes* an

---

8) Philol. 1883 S. 103. Die Versuche, welche hier gemacht sind, über die
confuse Paginirung des M 18 ins Reine zu kommen, sind als erfolglos zu betrachten.
Jedenfalls musste man von dem Umfange der von den verschiedenen Schreibern an-
gefertigten Textstücke ausgehen, was Ebeling nicht gethan hat.

9) Vgl. Kühl, Rhein. Mus. 1883. S. 11—25.

den Rand schreibt: *puto melius erat esthenes* . . . *et quod sit proprium nomen*, so muss man annehmen, dass diese Bemerkung schon im Archetypus am Rande stand und von m. 1 mechanisch mit copirt worden ist[10]. Dass schon der Archetypus Varianten hatte, scheint auch daraus hervorzugehen, dass Br. I, 1, 2, m. 1 schreibt: *Clodium tibi amicissimum* ~~judicas~~ *existima*, sowie daraus, dass auch einzelne Varianten mit dem Vorzeichen *al* von m. 1 sich finden. — Es ist eine auffällige Erscheinung, dass uns der Schreiber des Corpus I (Bl. 1—48) von den Briefen an Brutus, an Quintus und Octavianus, einige kleine Lücken abgerechnet, im Ganzen einen bessern Text überliefert hat, als die andern Schreiber von den Briefen an Atticus. Das hat theilweise schon Wesenberg empfunden, welcher Emendationes S. 5 äusserte: Hic Md. (49, 18) qui multo deterior altero est (49, 9) tamen in his Epp. (ad Quintum) aliquando emendatior est quam in iis, quae ad Atticum scriptae sunt. Diese Erscheinung hat ihren Grund nicht etwa in einer besonderen Sorgfalt des Schreibers dieser 48 Blätter, sondern in der besonderen Textgeschichte dieses Briefkörpers, welcher, wie schon oben bemerkt ist, keineswegs von Anfang an mit den Atticusbriefen vereinigt war. — Im Anfang der Handschrift findet sich, worauf meines Wissens noch Niemand aufmerksam gemacht hat, häufig ein völlig sinnloses *et* von m. 1, was, wie es scheint, erst von m. 2 wieder getilgt ist. Der erste Brief Br. I, 1. z. B, enthält dieses *et* 9 mal:

§ 1 *et a me amari*
alienior et. Non
naturas et. clodi [hier ist *et* auspungirt und von m. 2 darüber geschrieben *at*]
altero. et est
judicatum et multo
epistolam. et auctus
§ 2 *sentit et quare*
diligo et Clodium
talem et qualis

Von diesen 9 Fällen steht *et* 8 mal an Stelle einer Interpunction.

---

10) Zwei, nach Hofmann S. 12 von m. 1 herrührende Varianten A V, 6, 2 und XII, 52. 2, welche man für Conjecturen halten könnte, sind anderen Ursprungs vgl. S. 33 und S. 63.

man kann also wohl schliessen, dass es einem missverstandenen Interpunktionszeichen seine Entstehung verdanke. Das ist vielleicht nicht unwesentlich für die Beurtheilung des Archetypus. Uebrigens hat der Schreiber bald seinen Irrthum eingesehen; das letzte sicher nachweisbare derartige *et* findet sich Br. I, 3, 1: *tenuimus et est*. —

§ 3.
Die Correcturen im Allgemeinen und die Methoden ihrer Beurtheilung.

Wer auch immer über die Correcturen in unserer Handschrift sein Urtheil abgeben will, hat sich mit den von Friedrich Hofmann in dem Buche »Der kritische Apparat zu Ciceros Briefen an Atticus« (Berlin 1863) vorgetragenen Ansichten auseinanderzusetzen. Denn obwohl von D. Detlefsen in einer werthvollen Recension dieses Buches (Fleck. Jahrb. 1863, S. 551—573) manche Ergebnisse desselben mit guten Gründen angezweifelt worden sind, hat dasselbe doch weiterhin, im wesentlichen unangefochten, bis auf den heutigen Tag als ein Fundament der Kritik der Briefe an Atticus seine Stellung behauptet. Abgesehen davon, dass die Correcturen des Mediceus seitdem nie wieder eine umfassende Besprechung erfahren haben, sind wohl besonders zwei Dinge als Ursache dieses grossen Erfolges anzusehen, einmal, dass die von Hofmann benutzte Collation von keinem Geringeren als Theodor Mommsen angefertigt war, zweitens, dass Hofmann zuerst eine plausible Ansicht über diese Correcturen scharfsinnig begründet und mit Bestimmtheit ausgesprochen hat. Wenn ich trotzdem schon hier erklären muss, dass meine Untersuchungen zu anderen Resultaten geführt haben, so bin ich weit davon entfernt, den Werth, welchen die Mommsen-Hofmann'schen Arbeiten beanspruchen durften, herabsetzen zu wollen; bei so verwickelten Untersuchungen kommt die Wahrheit oft nur stückweise ans Licht, und so bilde auch ich mir nicht ein, alle hier zu berührenden Räthsel lösen zu können, dem Einzelnen muss es genügen, einen tüchtigen Schritt vorwärts gethan zu haben, und er muss sich freuen, wenn sein Werk von Späteren ergänzt oder berichtigt wird. —

Dass Hofmann's Aufstellungen unrichtige geworden sind, liegt grösstentheils an den unzureichenden Grundlagen seiner Arbeit. Denn vor allem war die von ihm zu Grunde gelegte Collation nicht vollständig und genau genug, ein Punkt, der für Hofmann's Arbeiten um so schwerwiegender war, weil er selbst die Handschrift nicht mit Augen gesehen hatte.

Hofmann entscheidet folgende Arten von Correcturen:
1) Correcturen der man. 1.
2) Correcturen der man. 2 von Coluccio's Hand, und zwar
   a) ohne Vorzeichen
   b) mit dem Vorzeichen al
   c) mit dem Vorzeichen l oder vel
   d) mit dem Vorzeichen c'
3) Correcturen der man. 3.

Bei einer dieser Classen von Correcturen muss ich mich schon gegen die Deutung des vorgesetzten Zeichens erklären. Hofmann sagt S. 17: »Diese auch sonst vielfach gebrauchten Zeichen werden gewöhnlich so erklärt, al bedeute alias, l vel und c corrige oder correctum, und diese Erklärung, die wohl die am nächsten liegende ist, findet wenigstens bei l und c auch dadurch eine Bestätigung, dass II, 6, 2 vel ausgeschrieben ist und XIII 1, 3 cor. steht.«

Dass das Zeichen c corrige oder correctum bedeuten kann, leugne ich nicht, aber dass Coluccio dieses Zeichen seinen Conjecturen vorgesetzt habe, ist sehr unwahrscheinlich. Hätte Coluccio den Text nach seinen Einfällen »corrigirt« haben wollen, so hätte er wohl selbst diese Correcturen vornehmen können; überdies rühren die wenigen Correcturen mit dem Vorzeichen c gar nicht von Coluccio her, sondern von viel späterer Hand. Was aber Hofmann für c »mit einem Häkchen« ausgiebt, ist in den allermeisten Fällen ein c mit einem übergeschriebenen deutlichen s, also c^s = Colucius. Demnach führte Coluccio seine Conjecturen mit der Abkürzung seines Namens in die Handschrift ein. —

Sehr bedenklich von vorn herein ist auch der Satz Hofmann's, dass alle werthvollen Correcturen und Ergänzungen unserer Handschrift allein von Coluccio (man. 2) herrühren sollen — denn für man. 3 wird erstens von Hofmann nur sehr wenig in Anspruch genommen, zweitens wird dieses Wenige dadurch völlig bedeutungslos, dass Hofmann man. 3 für Verbesserungsvorschläge italienischer Gelehrten des 15. Jahrhunderts erklärt. Aber wir wissen doch aus ihren Briefen, dass Männer wie Niccoli und Bruni alte Handschriften zur Verbesserung von Cicero's Briefen nicht nur suchten, sondern auch fanden. Deshalb hat schon Detlefsen in seiner ausgezeichneten Besprechung der Hofmann'schen Schrift mit Recht auf diesen wunden Punkt der Lehre Hofmann's aufmerksam gemacht. Freilich was Detlefsen selbst in einem Falle an Stelle der Hofmann'schen Ansicht gesetzt hat, wird sich unten auch als irrig erweisen; aber es bleibt Detlefsen's Verdienst, den engen Spielraum, in welchen diese Untersuchungen von Hofmann eingezwängt worden waren, durch eigenes Urtheil erweitert und das Material zur Lösung dieser Fragen beträchtlich vermehrt zu haben. —

Ich gehe nunmehr zu einer kurzen Darstellung der Wege über, welche ich selbst gegangen bin, um über die Correcturen des Mediceus 49,18 ins Reine zu kommen. Ausgegangen bin ich von dem Satze, dass man, um den Ursprung der Correcturen in einer Handschrift zu bestimmen, zunächst die Reihenfolge der Besitzer dieser Handschrift kennen muss. Denn es ist natürlich, dass in einem kostbaren Buche nur der Besitzer sich Correcturen erlauben darf[11]. Deshalb wurde zunächst die Reihe der Besitzer genauer als dies von Hofmann geschehen war, festgestellt (s. § 1); demnach erwartete ich Correcturen zu finden von: Coluccio Salutato, Niccolo Niccoli, Lionardo Bruni, Donato Acciaiuoli. Von diesen kamen besonders die drei ersten in Betracht, weil sie den Codex nach einander in den ersten 50 Jahren seines Daseins in Besitz hatten. An zweiter Stelle musste geprüft werden, ob etwa durch sonstige glaubhafte Ueberlieferung ein Gelehrter als Corrector der Handschrift genannt würde. Dieser Fall liegt einmal vor; in einer unten (S. 78) citirten Briefstelle des Ambrogio Traversari ist von unserer Handschrift gesagt, dass Manuel Chrysoloras die griechischen Stellen restituirt habe. —

---

11) Dieser Satz wird nicht durch die unten zu besprechende Thatsache umgestossen, dass während der Besitzzeit Coluccio's der Grieche Manuel Chrysoloras die griechischen Stellen restituirt hat, weil Coluccio selbst nicht genug Griechisch verstand. —

Nachdem ich mich in Florenz durch das Studium der Handschrift sehr bald überzeugt hatte, dass bei der Classificirung der Correcturen in der That mit m. 2 und m. 3 nicht auszukommen sei, sondern dass in der Handschrift mindestens so viele Hände thätig waren, als es Besitzer von Coluccio bis auf Acciaiuoli gewesen, musste es mein Bestreben sein, sicher beglaubigte Autographen dieser Männer herbeizuschaffen und darnach zu bestimmen, welches Corpus von Correcturen einem jeden etwa gebühre. Ich war mir wohl bewusst, dass ich mich damit auf ein gefährliches Gebiet begab. Immerhin konnte ich den alten Florentinern dankbar sein, dass sie seit Ende des XIV. Jahrhunderts ihre Ehre darein gesetzt hatten, immer die bedeutendsten Humanisten ihrer Stadt in das Amt des Staats-Kanzlers zu berufen. So konnte man darauf rechnen, auf dem wohlgeordneten Archivio di stato Autographen Coluccio's und Bruni's ausfindig zu machen; von Niccolo's Handschrift aber mussten sich Originale auf der Medicea-Laurentiana, der Erbin seiner Bücher, finden. —

Ich begann mit Coluccio. Ein sicheres Autograph von ihm enthält der M 49, 18 selbst, nämlich seinen Besitzvermerk am Schlusse der Handschrift: *hic liber est Colucii pyeri de Stignano* (Tafel 4); aber diese Worte allein ermöglichen kein sicheres Urtheil über den Schriftcharacter. Auf dem Archiv gab man mir ausser den Registri di lettere esterne aus der Zeit, in welcher Coluccio Staatskanzler war (1374—1406), zwei einzelne Briefe, die mit seinem Namen gezeichnet waren. Daran dass diese beiden Briefe, welche ich A und B nenne, Originale waren, habe ich keinen Augenblick gezweifelt — das ist mir späterhin auch von dem besten Kenner dieser Dinge, Sig. Prof. Paoli, bestätigt worden. Wer bürgte aber dafür, dass es Autographen waren? — Ein Kanzler hat wohl meist einen Schreiber bei sich, er konnte also dictiren. Ich habe manche Stunde über diesen beiden Briefen gesessen; die Sache war um so verwickelter, weil A und B in sehr verschiedenem Ductus geschrieben waren. Dafür dass A ein Autograph sei, sprechen folgende Umstände: 1) selbst die Adresse ist in der Volkssprache abgefasst: *Nobile huomo francesco di Jacopo honorevole vicario di valdinievole fratello et maggiori mio singularissimo etc.*

2) in der zweiten Zeile ist ein grosser Klex, den ein Schreiber wohl kaum hätte stehen lassen,

3) der ganze Brief ist offenbar flüchtig und nachlässig geschrieben,

4) der Brief trägt die vertrauliche Unterschrift *Coluccio pieri tuo* und nach dem Datum (2. April 1380) die Worte: »*xella lettera non e pulita et ordinata imputalo alla fretta*«. Dieser Brief A zeigt eine sehr characteristische rundbauchige Schrift z. B. d, l, ll, b, h in der Form: *d, l, ll, b, h,* welche mit dem Ductus der Subscriptio des M 49, 18 völlig übereinstimmt. Ist aber deswegen Brief B, welcher diesen Ductus nicht zeigt, sondern die genannten Buchstaben in folgenden Formen hat: *d, l, ll, b, h,* kein Autograph? Die Entscheidung dieser Frage konnte nicht umgangen werden, weil je nach derselben der Spielraum, den ich der Hand Coluccio's in M 49, 18 gestatten durfte, sich enger oder weiter gestalten musste.

In meiner Verlegenheit wandte ich mich an Herrn Prof. Novati in Mailand, den künftigen Herausgeber der Briefe Coluccio's, der sich auch mit diesen beiden Briefen beschäftigt haben sollte, und an Herrn Prof. Rühl in Königsberg. Aber bevor ich noch von beiden Herren freundlichen Rath erhielt, war ich auf anderem Wege zur Klarheit gekommen. Ich hatte nämlich unterdess auf der Medicea-Laurentiana den vielbesprochenen Codex 53, 35 welcher autographe Briefe Petrarca's enthält, (vgl. Ruhl, Rhein. Mus. 1881 S. 11 f.) untersucht und mich durch Autopsie überzeugt, wie verschieden dieser ältere Zeitgenosse Coluccio's je nach Zeit, Stimmung, Veranlassung etc. geschrieben hat. Darnach erschien es mir schon nicht mehr unmöglich, Brief A und B ein- und derselben Hand zuzuweisen, wenn man nur dabei berücksichtigte, dass A ein flüchtiger Erguss, B dagegen ein sorgfältiges Schriftstück war mit lateinischer Adresse: *Nobili et prudenti viro francischo Jacopi delbene vicario honi Vallis nebule et Ariane majori suo carissimo* etc. und der feierlichen Unterschrift: *Vester Colucius pyerius*

Cancellarius florenus.

Ausserdem wusste ich (vgl. Hofmann S. 7), dass auch im Codex der Briefe Cicero's ad Fam. M 49, 7 Correcturen durch alte Ueberlieferung als Autographen Coluccio's bezeichnet werden. Es hatte nämlich der Schreiber F VII, 24, 2 die Worte: *Ille autem qui sciret ac nepotem bellum tybicinem habere, et sat bonum unctorem* weggelassen; dieselben sind am Rande nachgetragen (vgl. Taf. 4) und im Codex M 49, 15 ist dazu bemerkt: *Additum est a coluccio salutato, id quod est in textu inter a et b*. Ebenso ist durch M 49, 15 und Gadd. 11, 74 Coluccio's Autorschaft für einen Nachtrag des M 49, 7 in F. X, 6,3 richtig bezeugt. Wir haben keine Ursache, diesen Notizen zu misstrauen, zumal sich dieselbe Hand, welche die beiden genannten Nachträge in M 49, 7 gemacht hat, auch in jenem Bande der Registri di lettere esterne des Archivs wiederfindet, welcher Coluccio's Namen trägt und dem Archiv von Marchese Ginori geschenkt worden ist. Von diesem Buche, welches Coluccio's Briefe von 1391—1393 enthält, ist wohl der allergrösste Theil von einer Hand geschrieben, und zwar von derselben, welche M 49, 7 an den genannten Stellen ergänzt und auch den Brief B geschrieben hat. Ich stehe deshalb nicht an, den grössten Theil dieses Buches, sowie Brief A, B und die genannten Correcturen des M 49, 7 für Autographen Coluccio's zu erklären (vgl. Taf. 4 und 1). Nach eingehender Prüfung stellte sich bei mir schliesslich folgendes Urtheil über Coluccio's Hand fest.

Coluccio schrieb je nach Veranlassung und Stimmung verschieden, und zwar sind die Verschiedenheiten seiner Schriftzüge auffallender als wir es bei Menschen unserer Zeit gewöhnt sind. Es liegt dies wohl daran, dass die Florentiner Notariatsschrift des XIV. und XV. Jahrhunderts zwei verschiedene Schriftarten gestattete: einen Ductus welcher die langen Buchstaben mit bauchigen Rundungen bildet und untereinander mit Bogen verbindet, und einen Ductus, welcher die Buchstaben mehr isolirt und die Bogen durch starke Grundstriche ersetzt, z. B. Ductus 1:

Ductus 2:

Coluccio hat den Ductus 1, welcher leichter und schneller aus der Feder fliesst, bei eiligen und nachlässigeren Niederschriften verwendet, wie z. B. im Briefe A, doch nicht so, dass er sich nicht am Schlusse deswegen entschuldigt hätte. — Dagegen finden wir den Ductus 2 meist in den officiellen Briefconcepten »des auswärtigen Amtes«, doch so, dass vom Ductus 1 die besonders bequemen Ligaturen wie für de und di etc. herübergenommen sind.

g erscheint als   x als   s im Wortinnern als

ỷ, dagegen am Wortende als s mit seinen Abarten[12], während spätere Correcturen des Mediceus ʃ auch am Wortschlusse verwenden. Ein untrügliches Kennzeichen der Hand Coluccio's liegt darin, dass er, soweit ich seine Autographen kenne, niemals d, sondern immer ꝺ, oder ∂, geschrieben hat.

Noch mehr als durch die bestimmte Form einzelner Buchstaben unterscheidet sich Coluccios Schrift von anderen durch die überall hervortretende Gliederung. So z. B. besteht das e streng genommen aus 5 Theilen ℯ, von denen 3 als wesentlich erscheinen ℯ. Wenn man endlich nicht den einzelnen Buchstaben, sondern die Schrift einer ganzen Seite betrachtet, so fällt auf, dass Coluccio selbst in den Conceptenbüchern durchweg in geraden Zeilen schreibt, welche gleichweit voneinander entfernt sind. Der Unterschied zwischen Grund- und Haarstrich ist beträchtlich, Buchstaben und Worte sind eng gedrängt, über dem Ganzen liegt das Gepräge eines starken Characters[13].

Niccolo Niccoli's Hand zu studiren bieten mehrere Codices der Laurentiana treffliche Gelegenheit. Es war zu erwarten, dass sich seine Schrift stark von der Coluccio's unterscheiden würde, da er bekanntlich die Buchstabenformen der fränkischen Schrift des X. und XI. Jahrhunderts wiedereingeführt hat. Ich besitze Facsimiles der Handschrift Niccolo's aus dem Lucrezcodex 35,30 und dem Celsuscodex 73, 1 (vgl. Taf. 4). Niccolo schreibt: l, b, d, b, g, ỷ = s ohne Unterschied im Wortinnern, wie am Wortende. Die Formen ꝺ, ∂, finden sich nicht. Demnach musste sich Niccolo's Hand, falls sie im Mediceus vertreten ist, verhältnissmässig leicht von Coluccio's Hand unterscheiden lassen.

Von Lionardo Bruni, dem dritten Besitzer des Mediceus 49, 18, haben mir vorgelegen 2 Bände Registri di lettere esterne 1428—1434; diese Bände sind fast durchgängig von derselben Hand geschrieben und die Nachlässigkeit dieser Niederschriften, sowie die Art und Weise der zahlreichen Correcturen lassen keinen Zweifel darüber

---

12) Vgl., dass Coluccio im Mediceus ad M. Brut. I. 1. 1 *auctuʃ* von m. 1 in *auctus* verbessert hat.

13) Vgl. meine Characteristik Coluccio's in der Zeitschr. f. allgem. Geschichte etc. 1886, Heft VI. S. 396 f.

bestehen, dass wir es mit den eigenhändigen Briefconcepten Bruni's zu thun haben, der von 1427—1443 das Amt des Kanzlers der Arnorepublik bekleidete. Bruni schreibt, wie Coluccio, in Florentiner Notariatsschrift, aber seine Hand ist in den meisten Punkten das Gegenstück zu der Coluccio's. In ein- und demselben Schriftstücke mischt er den Ductus 1 mit dem Ductus 2 ziemlich gleichmässig durcheinander; bei ihm findet sich neben ∂ und ∂ auch d, am Wortende s neben ſ, bei den Buchstaben l, b, d, h erscheinen die von oben eingesetzten Striche länger als bei Coluccio, m am Wortende ist fast regelmässig nach unten verlängert und gekrümmt = η , ebenso n = ʑ ; e, o, c erscheinen meist rund, ohne Gliederung. Im Ganzen genommen ist Bruni's Schrift dünner als die Coluccio's, ohne ausgeprägten Unterschied zwischen Haar- und Grundstrich. Die Buchstaben sind wenig untereinander gebunden, sie stehen nicht gerade aufrecht, sondern liegen etwas nach vor- oder rückwärts, die Zeilen, namentlich in den Randbemerkungen, gehen auf und nieder, die ganze Schrift geht weitläufig in schlanken, graziösen Formen über das Papier, nicht ohne eine gewisse vornehme Lässigkeit, wie sie auch sonst dem Wesen des Mannes eigen war"[11]. Schliesslich sei noch erwähnt, dass Coluccio eine Tinte verwendet hat, welche im Allgemeinen schön schwarz geblieben ist, während Bruni's Tinte etwas blässer geworden ist. Doch darf man im einzelnen Falle bloss aus der Farbe der Tinte keine weittragenden Schlüsse ziehen, da die Beschaffenheit des Papiers und die Schicksale desselben die Erhaltung der Tinte oft beeinflusst haben.

Um meine Ansichten über Coluccio's, Niccolo's, Bruni's Schriftcharacter dem Leser durch eigne Anschauung als richtig zu erweisen und damit diese ganze Untersuchung auf eine gesichertere Grundlage zu stellen, liess ich an Ort und Stelle aus den genannten Briefconcepten Coluccio's (von 1391—1393, Geschenk des Marchese Ginori) Bl. 6ʳ (Taf. 1) und aus den Briefconcepten Bruni's Reg. di Lettere esterne T. XXIII Bl. 101ʳ (Taf. 2) durch Herrn Giacomo Brogi photographiren und die trefflich gelungenen Bilder als Beilagen zu dieser Arbeit vervielfältigen. Eine Schriftprobe Niccolo's aber, welche Herr

---

[11] Vgl. meine Characteristik Bruni's in der Zeitschrift f. Allgem. Geschichte etc. 1886, Heft VI S. 103 f.

Dr. Johannes Ilberg in Florenz aus dem Celsuscodex der Laurentiana 73, 1 Bl. 61ʳ gütigst facsimilirt hat, ist auf Tafel 4 in Zinkätzung wiedergegeben. Ich hoffe, da sich Niederschriften der genannten Humanisten auch ausserhalb Florenz an Orten finden, wo nicht sofort unbestrittene Autographen dieser Männer zum Vergleiche eingesehen werden können, mit diesen Publicationen sowie mit der wohlgelungenen Reproduction der Photographie einer Seite aus dem berühmten M 49, 18 (s. Taf. 3) der Handschriftenkunde überhaupt einen Dienst zu erweisen und somit wenigstens theilweise einem längstempfundenen, unlängst wieder von Georg Voigt[1] ausgesprochenen Bedürfnisse abzuhelfen. —

Nachdem ich mich also mit festen Anschauungen von den Schriftarten der 3 ersten Besitzer des M 49, 18 ausgerüstet hatte, kehrte ich von Neuem zum Studium dieser Handschrift zurück. — Das Resultat war ein überraschendes: was Hofmann mit M^2 bezeichnet hatte, löste sich vor meinen Augen in die 3 Corpora der Correcturen Coluccio's, Niccolo's, Bruni's auf, welche ich nunmehr als M^2 (m. 2) = Coluccio, M^3 (m. 3) = Niccolo, M^4 (m. 4) = Bruni bezeichne. Auf der beigegebenen Abbildung von Blatt 22ʳ sind alle drei Correctoren, ausserdem auch Acciaiuoli, vertreten:

1) Coluccio = M^2 hat a) im Texte:

    Zeile 1 vor *materiam* einen Punkt gesetzt und am Anfange des Wortes ein grosses *M* corrigirt.
- " 2 *vellint* m. 1 radirt und ausgebessert zu *velint*.
- " 3 *veritati*(?) m. 1 corrigirt in *virtuti*.
- " 4 vor *unne* m. 1 Punkt und im Worte grossen Anfangsbuchstaben hergestellt.
- " 5 *eedidit* m. 1, *reddidit* m. 2.
    das *u* in *nelle* auf der Stelle einer Rasur.
- " 7 *commendari* [*i* ist durch ein Wurmloch ausgefressen].
- " 10 *querelas* m. 2 aus *querellas* m. 1.
- " 24 *c'simile*.

b) am Rande die Namen: *L. Cestius*
                                Blais Teuxides
                                Hermippus
                                Apameusis
                                Antander Megaristius

>*Nicias*
>*Nymphontes al Nimphones*
>*Teuxis*
>*Cascellus*
>*L. Cecilius*
>*Tuscennius* vgl. Taf. 4 und 4.

2) Niccolo = M¹ hat a' im Texte Zeile 1 *l debet*
   Zeile 25 *zeuxim* über τευχιμ m. 1
         e über *g* in *eligere*
   „   33 *ecce* über dem undeutlichen *ecce* von m. 1.
   b) am Rande links *l zeúxim*
         rechts *l hóminum*
statt des im Text getilgten *smirsos* m. 1 *mýsos*, was später von m. 4. durchstrichen wurde. Man vergleiche das Facsimile aus dem Celsuscodex Taf. 4.

3) Bruni = M⁴ hat zu Zeile 23 am Rande *mysos* m. 3 gestrichen und dafür *smirnros* geschrieben,
   in Zeile 26 *ultra* m. 1 gestrichen und dafür an den linken Rand *uoluisse* geschrieben, was später wieder getilgt ist. Man vergleiche wegen der Identität der Schrift auf Tafel 2 namentlich die Bemerkung auf dem rechten Rande *circa liberationem ipsius domini Innocentii*.

4) *Nugas* in der Mitte des linken Randes ist von Donato Acciaiuoli vgl. das Facsimile der Subscriptio Tafel 4.

Ich denke, dass nach genauer Einsicht in die beigegebenen Tafeln jeder Unbefangene mir die Richtigkeit meiner Aufstellungen über M², M³, M⁴ zugeben wird; indes, da nach Detlefsen (Fleck. Jahrb. 1863 S. 561) bei der Identificirung von Handschriften »der Zweifel oft der Wahrheit viel näher kommt als eine auf den blossen äusserlichen Eindruck der Schrift hin gethane Entscheidung«, so war mir eine Bestätigung meiner Resultate von anderer Seite her sehr erwünscht. Wenn sich z. B. eine Copie des Mediceus auffinden liess, welche gleich nach Coluccio's Tod geschrieben war, so durften sich in deren Texte, falls meine Ergebnisse richtig waren, nur die Correcturen Coluccio's (m. 2), nicht aber die von mir dem Niccolo (m. 3) und Bruni (m. 4) zugewiesenen Correcturen vorfinden. Ich fahndete aus diesem Grunde besonders nach der Abschrift, welche

Poggio nach seiner eigenen Angabe (ep. II, 22 ed. Tonelli) in jungen Jahren für Cosimo de' Medici gefertigt hatte. Zu Florenz waren meine Forschungen nach diesem Exemplar erfolglos — denn der sogenannte Poggianus M 49, 24 erwies sich als eine verhältnissmässig späte Arbeit aus Poggio's Schreibstube, keineswegs von Poggio's eigner Hand. (Vgl. Kapitel II.)

Dagegen fand sich der langgesuchte Codex zu meiner Freude in Berlin unter den Büchern der neuerworbenen Bibliothek Hamilton vor[15]. Da über diese Handschrift unten genauer zu sprechen ist, bemerke ich einstweilen nur, dass sie im Jahre 1408, also zwei Jahre nach Coluccio's Tode, eigenhändig von Poggio geschrieben worden ist. Als ich diesen Codex zu Hand nahm und die Subscriptio desselben vom Jahre 1408 gelesen hatte, musste ich darauf gefasst sein, in demselben vielleicht auch schon Correcturen von Niccolo aus M 49, 18 mit abgeschrieben zu finden, da Niccolo die letztgenannte Handschrift wohl schon einige Zeit besessen hatte, ehe sie von Poggio copirt wurde. Um so freudiger war meine Ueberraschung, als sich vielmehr ergab, dass der genannte Hamilton-Berolinensis (H), abgesehen von vereinzelten Conjecturen Poggio's, den Bestand des M 49, 18 genau so fixirt zeigt, wie ihn Coluccio hinterlassen. Mit dieser Erkenntniss tritt H als ein neues wichtiges Hilfsmittel in den kritischen Apparat unserer Briefe ein, die Correcturen, die ich für M³ und M⁴ in Anspruch genommen, standen im Jahre 1408 noch nicht im Mediceus und es ist offenbar, dass ich den Umfang der Correctur Coluccio's richtig angenommen hatte.

Nachdem ich also auf zwei ganz verschiedenen Wegen zu demselben Ziele gekommen war, nämlich, dass durch Coluccio's Correcturen der Text des Mediceus bei weitem noch nicht die Vollständigkeit erreicht hatte, in welcher er jetzt vorliegt, glaube ich damit für die Richtigkeit meiner ganzen Methode einen nicht unwichtigen Beweis geliefert zu haben. Hier bemerke ich auch gleich im Voraus, dass es sich bei den Correcturen der m. 3 keineswegs etwa bloss um Conjecturen Niccolo's oder anderer handelt, es sind vielmehr auch durch Niccolo viele wichtige Verbesserungen und Ergänzungen

---

15) Vgl. meinen Aufsatz über Poggio in der Zeitschrift für Allgem. Gesch. etc. 1886, Heft 6, S. 406.

in den Text gekommen, die nicht auf Conjectur beruhen können, welche uns vielmehr darauf leiten werden, dass die Ueberlieferungsgeschichte unserer Briefe auf italischem Boden eine viel verwickeltere sein muss als Hofmann annimmt.

z. B. A I, 1, 1 *Galba. fallaciis* M¹, am Rande hinter *Galba* eingeschoben *sine fuco ac* M³
Galba e fallaciis H

A I, 4, 3 *que michi antea signa misisti nondum* Is M¹ H hinter *misisti* ist *ea*, hinter *nondum* eingeschoben *uidi* M³

A I, 16, 10 *tibi non crediderunt XXXI quoniam* M¹ H hinter *crediderunt* am Rande eingeschoben *mihi vero inquam XXV iudices crediderunt* M³. Diese Worte sind später auch in H am Rande nachgetragen in der Form: *immo vero inquam etc.*

A I, 16, 15 *reliquerit ac vereor* M¹ H, hinter *reliquerit* Verweisungszeichen und am Rande *et Archias nihil de me scripserit* M³, später sind diese Worte auch in H am Rande nachgetragen.

Ich gehe nunmehr zu einer genaueren Besprechung der einzelnen Corpora der Correcturen über, welche ich nach ihren Urhebern zusammenfasse. —

§ 4.
Die Recension des Coluccio Salutato.

Coluccio di Piero de' Salutati, geboren 1330 zu Stignano, auf Wunsch des Vaters zum Notar herangebildet, wurde nach einer vorübergehenden Thätigkeit an der Curie von Avignon Schreiber der Priori zu Florenz, dann im April 1375 Staatskanzler der Arnorepublik. Dieses Amt hat er bis zu seinem im Mai 1406 erfolgten Tode geführt. Wie Coluccio durch Petrarca's und Boccaccio's Vorbild zu den neuerwachten humanistischen Studien angeregt wurde, wie er dieselben mit der besonderen Kraft seines Wesens erfasste, wie er edel und hilfreich in einem Kreise jüngerer Genossen den gewaltigen Eichbaum darstellte, in dessen Schatten die anderen emporstrebten, wie er für sein Vaterland gewirkt und bei aller Freimüthig-

keit in Sprache und Gesinnung doch ein sittlich ernster, tief religiöser
Character war, das alles hat Georg Voigt in seinem mit Liebe und
Sorgfalt gezeichneten Bilde Salutato's zur Anschauung gebracht[16]. Wir
haben es hier zunächst nicht mit dem Staatsmanne und Patrioten,
sondern mit dem Gelehrten zu thun. Die glühendste Begeisterung für
das Alterthum trieb Coluccio an, sich mit allen den Mitteln, die ihm
durch freundschaftliche und staatsmännische Verbindungen zu Gebote
standen, um Handschriften alter Classiker zu bemühen. Merkwür-
digerweise hat sich Salutato mit der Bitte um Darleihung von Büchern
niemals an den Mann gewandt, der ihm mehr als alle andern Zeit-
genossen aus seinen Schätzen hätte spenden können: an Petrarca,
obgleich er mit demselben Briefe gewechselt hat. Aber es war wohl
bekannt, dass der vornehme Meister der neuen Richtung absichtlich
mit seinen litterarischen Schätzen zurückhielt. Immerhin dankte ihm
Coluccio den Hinweis darauf, dass Cicero's Briefe die Stürme des
Mittelalters überlebt hatten. Das hatte Coluccio wohl aus jenem
berühmten Briefe Petrarca's an M. Tullius Cicero erfahren, den der
Meister unmittelbar nach dem Fund im Juni 1345 zu Verona geschrieben. Coluccio besass zu Verona einen Freund, der ihm wohl
bei der Besorgung einer Abschrift des Urcodex der Veroneser Dombibliothek hätte behilflich sein können: Gasparre de' Broaspini.
Wenn sich nun Coluccio trotzdem erst nach Petrarca's Tode 1374
bei Broaspini um die Beschaffung von Cicero's Briefen bemüht zu
haben scheint[17], so ist das wohl nicht ganz zufällig. Wahrscheinlich
trachtete Coluccio darnach, Petrarca's eigenhändige Copie, welche
bis auf den heutigen Tag verschollen ist, durch Broaspini zu erwerben. Denn dass Coluccio ein bestimmtes Exemplar vor Augen
hatte, welches Broaspini eventuell besichtigen konnte, geht aus den
Worten des citirten Briefes hervor: *Ciceronis epistolas, ut alias dixi,
omnes vellem, et libri quantitatem rogo notam facias.* Dass aber das
Exemplar aus Petrarca's Nachlass stammte, folgt, wie mir scheint,
aus dem Zusammenhange des Briefes. Coluccio beginnt über die
Bücherangelegenheit mit folgenden Worten: . . . *si prece vel pretio*

---

16) G. Voigts Wiederbelebung des class. Alterthums I S. 194—214.
17) Haupt in den Berichten der K. S. Ges. d. Wiss. 1849, S. 259 f. Voigt, S. 57.

Propertium de bibliotheca illius celeberrimi viri, Petrarcae inquam ... haberi posse confidis vel ut meus sit vel ut exemplari queat deprecor ut procures. Dann wird Catullus »*aut exemplatus aut exemplandus*« verlangt, dann in den oben citirten Worten Cicero's Briefe und endlich Petrarca's Africa. Alle vier genannten Werke befanden sich in Petrarca's Nachlass, der im Juli 1374 in Arqua bei Padua, also unweit von Verona, verstorben war; Broaspini stand wohl der Familie Petrarca's nahe und erscheint hier in dem Handel mit Coluccio als Vermittler. Bezüglich des Propertius, Catullus und der Africa wurde Coluccio's Wunsch erfüllt; dagegen wurde ihm Petrarca's Handexemplar von Cicero's Briefen oder auch nur eine Copie davon nicht zu Theil. Dasselbe verschwindet mit der oben citirten Äusserung Coluccio's vorläufig aus der Geschichte der Briefe Cicero's (vgl. S. 49 f.); an seinerstatt wurde der jetzige Cod. M 49, 18 jahrhundertelang von den italienischen Bibliothekaren als Petrarca's Exemplar ausgegeben, bis Voigt und Viertel das Lügengewebe mit geschickter Hand zerstörten. — Coluccio's Durst nach Cicero's Briefen blieb noch lange Zeit ungestillt; aber eine kleine Erwerbung ist ihm doch bei dieser Gelegenheit geglückt. Broaspini hatte ihm mitgetheilt, dass er selbst ungefähr 60 Briefe Cicero's besitze. Coluccio erwidert darauf im obengenannten Briefe: *Illas circiter LX quas habere te dicis nescio an in continuato opere an excerptas habeas atque delectas, et ideo arbitrio tuo dimiserim numquid illarum me relis esse participem.* Diese Worte geben uns mehr als ein Räthsel auf. Dass Coluccio diese c. 60 Briefe erhalten hat, ist wohl ausser Zweifel; denn er schreibt, nachdem er 1390 Briefe Ciceros ad Fam. aus dem Vercellensis in Mailand erhalten hat[18]: *rerum compertum habeo quod in ecclesia Veronensi solebat aliud et epistolarum esse volumen. cuius ut per aliquas epistolas inde desumptas quas habeo et per excerpta Petrarcae clarissime video quod inter has penitus nihil extat.* Ob aber diese c. 60 Briefe eine als Ganzes überlieferte Sammlung oder ein Excerpt bildeten, ob dieselben auch aus Petrarca's Bibliothek stammten oder nicht, das ist nicht leicht zu entscheiden. Indess ist es unwahrscheinlich, dass Petrarca, da er die ganze Briefgruppe ad Atticum etc. besass, aus derselben einen Auszug von c. 60 Briefen

---

[18] Viertel S. 40.

angefertigt haben sollte; auch würde Coluccio wohl bei der grossen
Pietät, die er dem Andenken des Meisters bewahrte, in der letzt-
citirten Stelle an Pasquino den petrarchischen Ursprung des Buches
erwähnt haben, er sagt aber schlechthin: *aliquas epistolas inde* (= *ex
ecclesia Veronensi*) *desumptas* und stellt diese Sammlung sogar in
Gegensatz zu den *excerpta Petrarcae*. Demnach hatten die c. 60
Briefe nichts mit Petrarca zu thun; Broaspini hatte dieselben wohl
selbst aus einer Handschrift der Veroneser Capitularbibliothek ab-
geschrieben. Man könnte nun meinen, dass Broaspini's Exemplar
die fortlaufende Copie eines Theiles des von Petrarca gefundenen
Urcodex gewesen sei, zumal derselbe, (vergleiche oben S. 8), die
Briefe ad M. Brutum + ad Quintum libr. III. vielleicht von den
Briefen ad Att. gesondert zeigte. Aber diese Gruppe hatte in ihrem
frühesten Bestande zwar c. 54 Briefe, in der Überlieferung des
Veronensis jedoch nach Verlust der ersten 5 Briefe des IX. lib. ad
M. Brutum und mehreren falschen Zusammenziehungen nur c. 46
Briefe. Wir kommen also darauf hinaus, dass Broaspini 60 einzelne
Briefe aus den verschiedenen Theilen der Gruppe ad Brut., ad
Quintum, ad Atticum so excerpirt hatte, dass Coluccio die alte
Theilung dieser Gruppe nicht erkannte. Dass aber unter diesen
Briefen ad Quintum I, 3 sich befand, folgt daraus, dass Coluccio c.
1383 in einem Briefe an Lombardo von Padua[19] aus diesem Schreiben
an Quintus die Anrede: »*Mi frater, mi frater, mi frater*« herübernahm.
Wir fragen, warum Broaspini dem Coluccio keine vollständige Abschrift der Handschrift verschaffen konnte, aus welcher er jene 60
Briefe excerpirt hatte. Wahrscheinlich war das Original dem Broaspini nicht mehr zugänglich; denn der Urcodex, den Petrarca auf-
gefunden, scheint nicht in Verona verblieben zu sein, wenigstens
schreibt Coluccio in der oben citirten Stelle an Pasquino: *quod in
ecclesia Veronensi solebat aliud et epistolarum esse volumen* und später
im Juli 1392 an denselben Pasquino in Mailand: *Nunc autem quanto
perceperim gaudio, deus testis, te Ciceronis epistolas de Verona meo
nomine exemplari iussisse*. Darnach scheint der Urcodex der Veroneser Dombibliothek später im Besitze der Visconti gewesen zu sein[20].

19) Bandini, T. III, S. 568, vgl. Voigt S. 57.
20) Giov. da Schio »sulla vita e sugli scritti di Antonio Loschi Vicentino«
Padova 1858 S. 74 hatte behauptet, dass Handschriften aus Verona und Vercelli als

Aus der bereits mehrfach angeführten Briefstelle an Pasquino (vom September 1390) ergiebt sich ferner, dass Coluccio Briefe Cicero's *per excerpta Petrarcae* kannte. Unter *excerpta Petrarcae* verstehen Hofmann S. 23, Detlefsen S. 554 und Viertel S. 26 einen besonderen Buchkörper, welchen Coluccio aus Petrarca's Nachlass erhalten habe. Wenn diese Ansicht schon nach meinen früheren Darlegungen als unwahrscheinlich gelten muss, so wird sie es noch mehr dadurch, dass Coluccio zu den Worten *aliquas epistolas inde desumptas* hinzusetzt *quas habeo*, ohne die *excerpta Petrarcae* in diese Besitzangabe mit einzuschliessen. Coluccio verstand nämlich unter *excerpta Petrarcae* die zahlreichen Citate aus Ciceros Briefen (Viertel S. 28—37), welche er in Petrarca's Schriften gelesen hatte. Überdies hat schon Voigt S. 60 die Sache so aufgefasst. Demnach besass Coluccio vor dem September 1390 c. 60 Briefe Cicero's, welche Broaspini aus der Veroneser Handschrift excerpirt hatte; einige andere Briefe kannte Coluccio aus Petrarca's Citaten. Das also waren die kritischen Hilfsmittel, die ihm zur Verfügung standen, als er einige Jahre später aus Mailand unsern Codex M 49, 18 als *Ciceronis epistolas de Verona* erhielt[21]. Coluccio gehörte nicht zu denjenigen Bücherfreunden, welche mühsam erworbene Schätze ungelesen ihrer Bibliothek einverleiben. Las er aber den von Pasquini übersandten Codex mit Ernst und Eifer, so wird er sehr bald die Mangelhaftigkeit des Textes erkannt haben. Er begann nun das Werk der Emendation so besonnen und methodisch, dass er schon deswegen unsere Bewunderung verdient. Um den Codex lesbar zu machen, bedurfte es zunächst einer gründlichen Interpunktion. Coluccio scheint in früheren Jahren bei Petrarca angefragt zu haben, wie er interpungiren solle, und Petrarca hat ihm wohl auch die von ihm befolgten Interpunktionsregeln übermittelt[22]. In unserer Handschrift heben sich die Interpunktionszeichen Coluccio's vermöge der schwarzen Tinte sehr deutlich von den verblassten Zeichen der m. 1 ab; da wo Coluccio den Anfang eines Satzes erkannte, hat er nach dem Punkte

---

Geschenk an »Herzog« Galeazzo nach Mailand gekommen seien, aber Mendelssohn und Novati (Fleck. Jahrb. 1885, S. 853) stellen Schio's Behauptung als »freie Erfindung« hin, vgl. unten S. 16 f.

21) Ueber die näheren Umstände vgl. Voigt S. 60—62.

22) Vgl. Voigt II, 378 Anm. 1.

den anlautenden Buchstaben des nächsten Wortes durch sorgsame
Rasur und Correctur in einen grossen Buchstaben verwandelt. Diese
Correcturen ziehen sich durch die ganze Handschrift[23]; um einen Begriff von der Häufigkeit derselben zu geben, führe ich an, dass
Coluccio allein in den 18 Briefen ad M. Brutum c. 120 derartige
Correcturen vollzogen hat. Nebenher wurde auch eine orthographische
Correctur, freilich ohne strenge Consequenz, durchgeführt[24].

Zur Verbesserung verderbter Stellen besass Coluccio, wie wir
oben sahen, zunächst kein anderes Hilfsmittel als die 60 Briefe
Brouspini's, die ich der Kürze halber mit Br. bezeichne. Es ist im
höchsten Grade wahrscheinlich, dass Coluccio, falls Br. überhaupt
andere Lesarten als M¹ bot, dieselben herangezogen hat. Wenn
wir also ermitteln können, welche Varianten oder Correcturen
Coluccio zuerst in M 49,18 eingetragen hat, so dürften diese vielleicht aus Br. stammen. Verschiedene Anzeichen deuten darauf,
dass Coluccio zuerst die Varianten mit dem Vorzeichen *al* in M eingeführt: A V, 14,2: m. 1 *per meos omnis*, dazu steht am Rande von
m. 2 *al Spero eos omnes*, ausserdem aber ist im Texte ebenfalls von
Coluccio *per meos* auspungirt und darüber geschrieben *Spero eos*.
Offenbar ist die gleichlautende Variante des Randes eher verzeichnet
worden, als die Textcorrectur vollzogen wurde. A VIII, 12,2: m. 1
spere und dazu am Rande *al sperate* m. 1 und *al sprete* m. 2,
dann hat m. 2 beide *al* ausgestrichen und im Texte das richtige
per L. hergestellt[25]. Da es hiernach offenbar zu sein scheint, dass
Coluccio die Varianten *al* vor den Correcturen ohne Vorzeichen eingetragen hat, werden zunächst die Lesarten mit *al* auf ihre Beschaffenheit und Herkunft geprüft werden. —

Hofmann betrachtet die Lesarten *al* irrthümlich als ein einheitliches Corpus von Coluccio's Hand; in Wahrheit sind Lesarten

---

23) Ein Beispiel derselben findet sich auch in der beigefügten Probe aus der
Handschrift Tafel 3, wo in Zeile 1 hinter *debeo* ein Punkt gemacht und darauf *m* in *M*
corrigirt ist.

24) vgl. die beigegebene Tafel 1 Zeile 2, wo *uellint* m. 1 in *relint* und Zeile 10,
wo *querellas* m. 1 in *querelas* corrigirt ist.

25) Ein drittes Beispiel, welches Hofmann S. 23 anführt, ist falsch gewählt:
A III, 9, 1 m. 1 *lectores*, darüber m. 2 *al letiores*; die Correctur des Textes in *lictores*
ist erst nach Coluccio von m. 3 oder 4 vollzogen worden, da Poggio im Jahre 1408
noch *letiores* copirte, was von m. 3 oder 4 gestrichen wurde.

al von m. 1, von m. 2 und von einer späteren Hand zu unterscheiden. Die zahlreichsten freilich und wichtigsten rühren von Coluccio her. Sie beginnen bereits in den Brutusbriefen und reichen bis in das IX. Buch ad Att. Ich bedaure, dass es mir wegen Zeitmangels nicht möglich war, alle Varianten dieser Art aus M auszuschreiben. Das ist keine leichte Arbeit, weil manches *al* später wieder ausradirt worden ist, so dass man öfters die Lupe zu Hilfe nehmen muss. Soviel aber kann ich behaupten, dass Hofmann's Angabe, es fänden sich in den Atticusbriefen zusammen noch nicht 40 *al*, zu niedrig ist. Noch unzuverlässiger sind Baiter's Angaben, der kaum die Hälfte der *al* verzeichnet. Um das Material einigermassen zu vervollständigen, notire ich hier die Varianten *al* vollständig aus den Briefen ad Brut. und ad Quint. lib. I und II, einzelne aus ad Quint. lib. III, der ep. ad Oct. und den Briefen ad Att., wobei ich diejenigen, welche sicher von Coluccio herrühren, mit einem * bezeichne:

ad Brut. I, 2,4 *iudico* m. 1, darüber * *al uideo*
6,2 *g. tribuno* m. 1, darüber * *al C. Trebonii*
9,1 *sciremus* m. 1, am Rande ' *al scirem his* [26]
15,3 *studeo* m. 1, darüber, später ausradirt, * *al cupio*
16,6 *odero* m. 1, aus Zeilenende angeschoben * *duxero al*
17,2 *hortationis* m. 1, drüber *'al* ɓӡ [= *hortationibus*]

ad Q. I, 1,4 m. 1, *eiusmodi*, am Rande *al huiusmodi* m. 3
11 *atque inter nos* m. 1, drüber * *al hos*
13 *sed tamquam ipse tu* m. 1, am Rande *al tu*, *al tum* m. 1 (?)
20 *accessu* m. 1, darüber '*al accessu*
45 *quām* m. 1, am Rande *al quamquam* m. 1 (?)
2,4 *nymfontem* m. 1, am Rande [im Summarium] *Nymphontes* '*al Niuphones* m. 2 vgl. Tafel 3.
2,7 *magnificis* m. 1, drüber '*al g̃n̄ū a* [d. i. *magnum facis*] später corrigirt m. 2 den Text *magni facis*

---

[26] Auch diese Stelle beweist, dass Coluccio die *al* vor den Correcturen ohne Vorzeichen eintrug. Denn er hat im Texte *us* auspungirt und darüber das richtige *iis* geschrieben. Nach dieser Correctur wäre das Einzeichnen der Variante *al* zwecklos gewesen.

11 *hoc te* m. 1, drüber *al hocce*
3, 3 *etiam* m. 1, drüber *al et iam*
5 *si quid agere* m. 1, drüber *al agi*
II 1, 1 *commorat exspectationem* m. 1, hinter *commorat* am Zeilenende angeschoben *exspectationes al*
2, 1 *augur postea quam* m. 1, drüber *al postquam*
3, 2 *denique* m. 1, drüber *al etiam*
tum m. 1, drüber *al tunc*
4, 1 *nullam videri* m. 1, über *videri* steht *al ñTi* [d. i. *videnti*], fast ausradirt.
4, 2 *trannio* m. 1 drüber *al tirannio*
confectum erat. latiar erat m. 1, über dem ersten *erat* steht *al est*
6, 2 *a qua haeret* m. 1, drüber *al aqua heret*
7, 2 *vibillio* m. 1, drüber *al vibullio*
belantium m. 1, *al bycantium*, am Rande m. 3 *byzantium*
8, 1 *aute a te is* m. 1, drüber *al aleis*
3 *aray sira* m. 1, drüber *al araxita*
13, 3 *inimicitiis* m. 1, drüber *al amicitiis*, später durchstrichen, wahrscheinlich von Coluccio selbst.
14, 2 *exspectarem* m. 1, drüber *al exspectem*
hec me m. 1, drüber *al hoc me*, von Coluccio wieder-gestrichen, dafür ist vor *hec me* am Zeilenende ange-schoben *hecci me* ebenfalls von m. 2, später auch wieder gestrichen.
4 *qui ne tantus* m. 1, drüber *al quintanus*
memini m. 1, drüber *al Meumi*
III, 1, 4 *non taurum* m. 1, darüber *al M. Scaurum*, durchstrichen und ausradirt, am rechten Rande etwas tiefer wieder-holt *al M. Scaurum* und wieder gestrichen, am linken Rande ·· *M. Taurum* m. 3.
10 *perscripsit* m. 1, drüber *al re*
17 *nichil enim* m. 1, hinter *nichil* am Zeilenende ist von m. 2 angeschoben *al michi*
2, 1 *τ in* m. 1 drüber *al Titum*, am Rande ‾*tiberium* m. 4.
2 *oportebat hostiarum* m. 1, hinter *oportebat* am Zeilen-ende ist von m. 2 angeschoben *hostium al*

	4, 3	*amicum Sallustium* m. 1, hinter *amicum* am Zeilenende ist von m. 2 angeschoben *Sastium al *Sastinum al
	8, 4	*bonis me* m. 1, drüber *al metu
ad Oct.	1	*corumque* m. 1, am Rande *al coram* m. 1.
	5	. *ut . . . . ingratus* m. 1, was zwischen beiden Worten von m. 1 stand ist nicht mehr zu erkennen; am Rande *al ingratus*, fast ausradirt. Coluccio hat dann *ingratus* im Texte geschrieben und durch Rasur und Corrector hergestellt: *aut ut ingratum*. Ausserdem steht am Rande *l ingratus* m. 3.
A I, 16, 3		*qui mesti* m. 1, am Rande *al quam est* m. 1
17, 2		*accidisset* m. 1, am Rande *al audisset* m. 3 oder 4 (?)
II, 9, 2		*paccavit* m. 1, drüber *al peccavit* Baiter
24, 4		*senis que cum si* m. 1, drüber *al ℈ consi*, am Rande *senis Q. consi* m. 3.
		ea inquam cotidie m. 1, drüber *al eam quam quotidie* m. 2.(?)
25, 1		*quam plena* m. 1, drüber *al quasi* Baiter
III, 5		*semel in via* m. 1, am Rande, über ausgestrichen, *sis es in via, al senies in via, c. senties in via* Hofmann I, 224.
6		*pertinuit meis* m. 1. *al in eis* m. 2. Hofmann I, 224.
9, 1		*lectores* m. 1, drüber *al letiores*, der Text in *lictores* verbessert von m. 3.
15, 2		*mihi scribo* m. 1, drüber *al scripsi*, später *al scripxi* gestrichen und der Text verbessert, am Rande *scripsi* m. 4.
IV, 1, 7		*alteram messa. Is qui omnis* m. 1, drüber *al messius qui XX?* (sic), am Rande *Messala* m. 4.
		aëra in preclaram habemus m. 1, drüber *c² aeream praeclaram rem*, am Rande · · *al meram* m. 2. ˙ *aream* m. 4.
13, 2		*dium ultum* m. 1, *al diminutum* Hofmann.
14, 1		*Vestorius* m. 1, am Rande angeschoben ˙ *Nestorius al*
16, 1		*paccio* m. 1 drüber *pactio al actio* (?) Baiter.
16, 5		*nostri* m. 1, drüber *al nosti* m. 2(?), Baiter.
V, 11, 1		*rerum* m. 1., am Rande *al rerum* m. 1; den Text hat m. 3 in *rerum* verbessert.

11, 2 *per meos omnis* m. 1. an das Zeilenende angeschoben *al Spero eos omnes*. später im Texte *per meos* auspungirt und drüber geschrieben *Spero eos* m. 2.
15, 1 *ex hoc die clarum animo verbis* [*clarum* corrigirt in *claro is*] m. 1, drüber *al racat* d. i. anderswo fehlen diese Worte; über *clarum* von m. 2 *clarum*. Hofmann I, 226.
3 *Mofragine* m. 1, *al Mofragene* m. 2 Hofmann I, 227.
adsitua m. 1, am Rande m. 3 *al si tu ad tempus* Hofmann I, 227.
18, 2 ՞ *Quo piso* m. 1, am Rande *al* ՞ *copiis* m. 1, darunter *al copioso*
20, 5 *equibus exceptis reliquam* m. 1, am Rande *al quibus*, im Texte über *equibus* steht *equis*. Baiter.
21, 11 *detiri etiam* m. 1, drüber m. 2 *al Decium* Hofmann S. 17.
VI, 1, 26 *acamie* m. 1, drüber *acane al*
2, 9 *sumptu iam ne posse vadit* m. 1, drüber *al non posse* m. 2 Hofmann S. 17.
3, 4 *preditari* m. 1, am Rande *al premeditari* m. 1.
6, 2 *deflen sine* m. 1, am Rande *al cleusine* m. 1.
7, 1 *perfice es* m. 1, am Rande *al proficies* m. 1 oder m. 4
VII. 2, 1 *ut si tua felicitate* m. 1, drüber *al usi tua feli*
4 *thyamim* m. 1, drüber *al traninm*
homine loqni m. 1, drüber *al loquor*.
8, 1 *cum aliis* m. 1, drüber *al malis*
9, 3 *ullum* m. 1, *al stultum* m. 2 Hofmann S. 17.
13, 3 *emendandi* m. 1, am Rande *a—al* m. 4 (?)
20, 1 *itinarum* m. 1, drüber *al itinerum*
VIII, 3, 5 ՞*apsentis* m. 1, am Rande *al absentes* m. 1 (oder m. 4?)
9, 2 *laeto* m. 2, drüber *a* *tecto*, am Rande *al leto* m. 1 oder m. 4?)
4 *qui persuaderi* m. 1, am Rande *al cui* m. 4 (?)
11 B, 3 ՞ *qui adhuc* m. 1, am Rande ՞*al cui* m. 1 (oder m. 4?)
11 D, 8 *amicior* m. 1, am Rande *al amicitior* m. 1.
12, 2 *spere* m. 1, am Rande *al sperate* m. 1, *al sprete* m. 2, dann beide *al* getilgt und im Text corrigirt *per. L.* m. 2
12 A, 4 *quodcumque* m. 1, am Rande *al quot* m. 1 oder m. 4 (?)
IX, 11, 4 *perdita* m. 1, drüber *al prodita* Baiter.

II A, 2 *vos duo* m. 1, drüber *al duos*.

Unter den angeführten Lesarten *al* befinden sich c. 15 von m. 1: ad Q. I, 1, 13, 15; ad Oct. 1; A I, 16, 3; V 11, 1; 18, 2; VI 3, 4; 6, 2; 7, 1; VIII 3, 5; 9, 2; 11 B 3; D 8; 12, 2; 12 A 4: sie erstrecken sich also nur bis in die Mitte der Briefe A. Das ist gewiss nicht zufällig, sondern weckt den Gedanken, dass sie aus einer Handschrift in den Veronensis gekommen, welche ausser der Gruppe ad Br. ad Q. ad Oct. nur A I—VIII enthielt (vgl. S. 60).

So wenig diese Lesarten für die Gestaltung des Textes bieten, so ehrwürdig sind sie doch vielleicht als Reste einer kritischen Thätigkeit der Karolingerzeit, wie sie uns z. B. von Abt Lupus von Ferrières (806—862) bezeugt ist[27].

Die wenigen *al* von m. 3 oder m. 4 sind für die Textgeschichte kaum von Werth, da sich schwerlich eine sichere Ansicht über ihren Ursprung begründen lässt. Sie schliessen sich räumlich eng an die *al* m. 1 an, günstigstenfalls bilden sie eine Ergänzungsarbeit zu den *al* m. 1 und entstammen derselben Handschrift.

Die zahlreichsten und wichtigsten *al* rühren von Coluccio her; ich habe von dieser Art gegen 70 notirt. Wir vermutheten bereits, dass diese *al* vielleicht aus einer Vergleichung des Textes mit Br. entstammen, welche Coluccio vornahm, bevor ihm umfangreichere Mittel zur Emendation zur Verfügung standen. In der That erstrecken sich die von mir angeführten *al* m. 2 über höchstens 50 Briefe; wenn also weitere Collationen auch noch *al* m. 2 zu 10 weiteren Briefen nachweisen könnten — und auf eine grössere Anzahl ist meines Erachtens kaum zu rechnen — so bliebe die Möglichkeit, diese Varianten aus Br. herzuleiten, bestehen. Dass diese *al* m. 2 einer Excerptensammlung entstammen, wird auch dadurch noch glaublicher, dass dieselben, trotz ihrer geringen Anzahl, häufig truppweise auftreten. Es finden sich zwei *al* m. 2 in einem Briefe z. B. ad Q. I, 1: 3; II, 3; 7: 8; III, 2; ad Oct. ad A. II, 24; IV, 1; 16; V, 15; VIII, 9—drei *al* m. 2 ad Q. I, 2; II, 4; III, 1; A VII, 2—vier *al* m. 2 ad Q. II. 14. —

Coluccio hat seine Varianten *al* meist über den Text gesetzt. Diese Regel erleidet in einigen Fällen Ausnahmen: 1) wenn Enge

---

27) Vgl. O. E. Schmidt in Rh. M. 1885 S. 612.

der Zeilen das Überschreiben nicht wohl gestattete, 2) wenn sich *al* auf ein Wort am Zeilenende oder Zeilenanfange bezieht, sodass sich die Variante gleich am Anfang oder Ende der Zeile anschieben liess, 3) wenn Coluccio schon ein *al* m. 1 vorfand, z. B. A VIII, 12, 2, oder selbst 2 *al* [infolge verschiedener Lesung] zu notiren hatte, z. B. ad Q. III, 4, 3. — Coluccio's Bestreben, einen lesbaren Text in M 49, 18 herzustellen, konnte sich natürlich mit der Einzeichnung der verhältnissmässig wenig ergiebigen Lesarten *al* nicht beruhigen. Es blieb ihm daher, so lange keine andern handschriftlichen Hilfsmittel zur Verfügung standen, nichts anderes übrig als die eigne Conjectur. Deshalb finden wir allenthalben in M 49, 18 von ihm erdachte Verbesserungsvorschläge, welche er, wie schon oben bemerkt, mit einer Abkürzung seines Namens *c*' in den Text einführte. Schon diese Gewissenhaftigkeit, mit welcher Coluccio durch ein äusseres Abzeichen seine eigenen Einfälle von der handschriftlichen Überlieferung unterschied, verdient unsere Anerkennung. — Es ist erstaunlich zu sehen, wie sich del Furia, der für die Baiter'sche Ausgabe die Collation gemacht hat, mit diesen Conjecturen des ersten Kritikers der Briefe an Atticus etc. abgefunden hat. Trotz der von Baiter gerühmten »diligentia« des Herrn del Furia hat derselbe nicht nur häufig der Lesart *c*' unterdrückt, sondern auch da, wo er die Lesart selbst bringt, niemals das Zeichen *c*' hinzugesetzt, sodass aus der Baiter'schen Ausgabe absolut nicht zu erkennen ist, welcher bedeutende Antheil des heutigen Textes der Atticusbriefe dem Scharfsinne des florentiner Kanzlers zu danken ist. Auch Hofmann, der über Form und Bedeutung des Zeichens *c*' falsch unterrichtet war, hat viel zu wenig *c*' (6 Stellen im Ganzen, davon 1 falsch) publicirt, als dass man darnach Coluccio's conjecturale Thätigkeit würdigen könnte. Ich vermehre zunächst das Material um 27 Stellen aus den verschiedensten Theilen der Handschrift:

ad Brut. I, 4,2 *quod concedere possit res publica* m. 1. um Rande *c*' *quod conducere possit rei p.*

    11,2 *cupimus* m. 1. drüber *c*' *ce* [d. i. *cepimus*], wieder getilgt.

    15,2 *sequebatur* m. 1. drüber *c*' *assequebatur*

ad Q. II, 2,1 *rogavit n̄c̄ nquid in sardinia velim velim te puto sepe habere qui n̄c̄ quid* m. 1.

Zunächst hat m. 1 selbst das erste *relim* wieder gestrichen, dann hat Coluccio an den Rand geschrieben *c² num quid*, später hat m. 2 durch Rasur von *c* und *m* im Texte *nũ quid* hergestellt, das zweite *nũ quid* auspungirt und ohne Vorzeichen drüber geschrieben *numquid*.

II, 8,1 *opus nisti* m. 1, drüber *c² opposuisti*

A IV, 1,2 *accumulandum* m. 1, drüber *c² ad cumulandum*

   7 *aream aera in preclaram habemus* m. 1, zunächst ist *aream* gestrichen von m. 1, dann übergeschrieben *c² aeream praeclaram rem* [über die weiteren Correcturen der Stelle vgl. S. 29].

V, 6,2 *abesse* m. 1, drüber *c² adesse*, später getilgt und im Text *adesse* hergestellt von m. 2.

VIII, 9,2 *taeto* m. 1, drüber *c² tecto*, am Rande *al leto* m. 1 (?).

   15A, 3 *cum fieri ciet* m. 1, unter *fieri ciet* sind Punkte gesetzt, darüber *c²* und dahinter *fieret*; also wollte *c²* lesen *cum fieret* [d. i. *conficeret*]. Später ist alles von *cum — fieret* durchstrichen und geschrieben *transierit* m. (?).

IX, 2a, 1 *ut honorem quidem a se accipere vellem* m. 1: über *vellem* steht *c² nollem*, dann ist dies gestrichen und hinter *ut* eingeschoben *ne* m. 2 ohne Vorzeichen.

   11A, 2 *quo* m. 1, drüber *c² quos*

XIV, 17, 6 *predax* m. 1, drüber *c² prodax*

     cogitare m. 1, drüber *c² cogitata*

   17A, 1 *ne cesari* m. 1, drüber *c² necessarii*

   17A, 7 *aut* m. 1, drüber *c² haud*

     quam animi m. 1, drüber *c² quadam*, dann ist *quam* und *c² quadam* getilgt und am Zeilenanfange angeschoben *cum* m. (?). — Poggio II 166 (vgl. S. 84) hat hiernach *quadam cum* geschrieben; diese Lesart ist in die Vulgata übergegangen und findet sich auch in den neuesten Ausgaben. Offenbar aber steckt das unentbehrliche *cum* in *quam* m. 1; demnach ist zu schreiben: *magnitudine cum animi, tum etiam ingenii etc.*

   17A, 8 *liberas. Tu igitur* m. 1, drüber *c² Liberasti igitur*

   18, 1 *Ego autem quamquam* m. 1, drüber *c² egoin quam* —

quam equo q m. 1, drüber *c² qua me quoque — proficerint* m. 1, drüber *c² profecerint*

18, 3 *Leonide me litere* m. 1. *c² Leonidem — ee*, [d. i. *Leonidem meae littere*] wieder getilgt von m. 2 (?).

19, 4 *ℒuio ſni o publius* m. 1, das erste Wort ist von m. 1 durchgestrichen, drüber *c² Servio*, dann ist *servi o* im Texte auspungirt.

antonium se m. 1, drüber *c² si*

19, 5 *ei triduo* m. 1, drüber *c² tribuo*

praxineius m. 1, drüber *c² praxim eius*

In 15 von diesen 27 beliebig herausgegriffenen Beispielen hat Coluccio das Richtige getroffen, und obwohl die Wahrheit in einigen von diesen Fällen leicht zu finden war, so giebt es doch auch Conjecturen Coluccio's, die sich den glänzendsten modernen würdig zur Seite stellen können. —

Wir sehen, dass Coluccio auch seine Conjecturen meist über den Text schrieb. Den Rand hat er nur in 2 Fällen benutzt ad Brut. I. 4, 2, wo seine Bemerkung zu lang erschien, um übergeschrieben zu werden und ad Q. II, 2, 1 wo sein *c² num quid*, wenn ich nicht irre, hinter *rogavit* am Zeilenende angeschoben ist. Wir finden also in den Aeusserlichkeiten dieselben Verhältnisse wie bei den *ai* Coluccio's. Die *c²* erstrecken sich über den ganzen Codex, im Anfange sind es nur wenige, aber je weiter Coluccio las, je vertrauter er mit der Sprache und den Verhältnissen der erwähnten Personen wurde, um so zahlreicher werden seine Verbesserungsvorschläge, sodass wir z. B. in 4 Briefen des XIV. lib. ad A. 14 Conjecturen Coluccio's vorfinden.

Diese Conjecturen, grossentheils wohl vor dem Besitze umfassender kritischer Hilfsmittel eingetragen, sind für uns von ganz besonderer Wichtigkeit, da sie uns den besten Einblick in Coluccio's Emendationsmethode gestatten und uns den Grad seiner Zuverlässigkeit kennen lehren. Es hat nämlich Coluccio Q. II, 2, 1 erst sein *c² num quid* am Rande verzeichnet, darnach erst, offenbar nach einer handschriftlichen Bestätigung der Richtigkeit seines *c²*, die betreffenden Correcturen im Texte vollzogen. Ein ähnlicher Fall liegt A V, 6, 2 vor: Coluccio schrieb über *abesse* m. 1 sein *c² adesse* [Hofmann's Angabe S. 18 ist falsch]; später hat er dieses *c²* ausgestrichen und dieselbe Lesart *adesse* im Texte corrigirt, offenbar nachdem seine

Conjectur durch eine alte Handschrift bestätigt worden war. Auch die Gegenprobe fehlt nicht: A IX, 2a 1 hat Coluccio zuerst die fehlende Negation durch sein c² *nollem* gegeben, als er aber dann in einer Handschrift *ne* nach *ut* vorfand, hat er dieses ohne Vorzeichen in den Text genommen und seinen früheren Verbesserungsvorschlag getilgt. Daraus können wir, vorausgesetzt, dass Coluccio überhaupt eine alte Handschrift mit dem Texte von M 49, 18 verglichen hat (vgl. unten S. 38 f.), folgendes schliessen:

1) Coluccio hat den Text nicht ohne weiteres nach seinen Conjecturen corrigirt, sondern erst die handschriftliche Bestätigung abgewartet z. B. Q II, 2, 1 A V, 6, 2 etc.

2) Coluccio zog seine Conjecturen zurück, wenn er eine ihn befriedigende handschriftliche Lesart fand z. B. A IX 2a 1 XIV 18, 3 (?)

3) Coluccio liess sein c² stehen, wenn ihm die alte Handschrift nicht das Richtige bot. — Somit zeigen uns seine c² Stellen an, wo ein Gelehrter, der über jetzt verlorene kritische Hilfsmittel verfügte, zur Conjectur greifen zu müssen glaubte. Andrerseits enthält unser Text infolge der ungenauen Collation des M 49, 18 auch manche Conjectur Coluccio's, die der handschriftlichen Bestätigung entbehrt z. B. A XIV, 17 A 7. Demnach ist von jedem kritischen Apparat zu verlangen, dass er die Conjecturen Coluccio's vollständig enthalte. —

Die oben gemachte Voraussetzung, dass Coluccio event. eine alte Handschrift zur Vergleichung mit M 49, 18 herangezogen habe, führt mich nunmehr zur Untersuchung dieser wichtigen Frage. Ausser den Lesarten mit den Vorzeichen *al* und *c²* findet sich in unserm Codex von Coluccio's Hand eine durchgreifende Correctur ohne Vorzeichen umfangreicher und wichtiger als *al* und *c²* zusammengenommen. Hofmann S. 14 sagt darüber: »die Verderbniss des Textes (m. 1) ist so bedeutend, dass man ohne Uebertreibung behaupten kann, dass nicht ein einziger längerer Brief mit aller unserer Kunst sich lesbar machen lassen würde, wenn uns die Correcturen fehlten, welche von einer andern Hand (m. 2) dem Codex beigeschrieben sind«. Obwohl dieses Urtheil dadurch eine Einschränkung erleidet, dass das, was Hofmann m. 2 nennt, sich nach unserer Untersuchung in die 3 Körper der Correcturen Coluccio's (m. 2), Niccolo's (m. 3) und Bruni's (m. 4) zertheilt, so bleibt doch immer noch die Correctur Coluccio's ohne Vorzeichen die wichtigste und durchgreifendste von allen —

Folgende Stellen mögen als Probe dieser Correcturen ohne Vorzeichen dienen:

ad Brut. I, 3, 2 *multarumque vigiliarum cepi*, vor diesem *cepi* schiebt m. 2 *fructum* ein.

    3, 3 *consiliisque faciamus* m. 1, das letzte Wort durchstrichen und angeschoben *facias* m. 2.

    4, 2 *descensurum* m. 1, drüber *assensurum* m. 2, später ausgestrichen.

    5, 1 *et cetera de Ventidio* m. 1, die beiden ersten Worte auspungirt und drüber *etiam* m. 2.

    5, 2 *agas tibi videtur certiores* m. 1, nach *agas* ist *si* und vor *certiores* von m. 2 *etiam* eingeschoben.

    6, 2 *suspicionem de morte* m. 1, vor *de* eingeschoben *Torquato* m. 2.

    8, 1 *dare* (?) *operam* m. 1, radirt und corrigirt in *narare operam* m. 2.

    9, 1 *tua aio maerore* m. 1, corrigirt in *nimio* von m. 2, dann hat m. 3 nach *tua* noch *a* eingeschoben.

    10, 4 *quo te feci* m. 1, ausgestrichen und drüber geschrieben *quatefeci* m. 2.

    est extincte m. 1, *extincte* ausgestrichen und drüber *in te* m. 2.

    publicam animi magnitudine, vor *animi* ist eingeschoben *quam virtute atque* m. 2.

    attestaturus m. 1, ausgestrichen und drüber geschrieben *ad te futurus* m. 2.

ad Q. I, 1, 22 *denique tot magistratus, tot auxilia, tanta vis*, von m. 2 am Rande nachgetragen.

    II, 1, 1 *agri campani* von m. 2 im Texte statt der ausradirten Lesart der m. 1.

    11, 3 *omnia contigo, ut novi scribam aliquid ad te, sed ut vides res me ipsa deficit* von m. 2 am Rande nachgetragen.

A I, 1, 5 *gignasium* m. 1, drüber *gymn* [d. i *gymnasium*].

    3, 3 *audisset* m. 1, *t* auspungirt, daneben das Zeichen ∧ und drüber *te* m. 2.

5, 4 ‾acutiliano m. 1, corrigirt in attiliano m. 2, aber am Rande ‾acutiliano m. 3.
quin m. 1, drüber *qui in* m. 2.

A I, 20, 2 *confirmassem sed a me ita sunt acta omnia non ut ego illi adsentiens* m. 1, die Worte von *sed — adsentiens* sind von Coluccio gestrichen und dafür geschrieben: *et a spe malorum ad mearum rerum laudem convertissem. Quod si cum aliqua levitate michi faciendum fuisset, nullam rem tanti existimassem, sed tamen a me ita sunt acta omnia, non ut ego illi adsentiens* m. 2.

III, 15, 6 *quam spem me notassem aut* m. 1, am Rande *quam in spem me vocas? Sin autem* m. 2.

17, 1 *non uniusque ad p. r. Kal. sept.* m. 1, unterstrichen und drüber *no-num usque* m. 2; offenbar will Coluccio seine Correctur nur als andere Lesung des Textes der m. 1 betrachtet wissen.

IV, 3, 3 *sic edem* m. 1, drüber *si cedem* m. 2.

VIII, 12 B 2 *locum quot acte* m. 1, die beiden letzten Worte unterstrichen und drüber *coacte* m. 2.

XIV, 17A 2 *Nestorem mihi* m. 1, zwischen beiden Worten das Zeichen ʌ und drüber *habere* m. 2.

Diese Beispiele mögen einstweilen genügen, um die verschiedenen Arten der Correcturen Coluccio's kennen zu lernen. Coluccio hat
1) verstümmelte Wortendungen wiederhergestellt z. B. ad Brut. I, 3, 3 A III, 15, 6 etc.
2) Dittographien beseitigt z. B. ad Brut. I, 10, 4.
3) falsche Zusammenziehungen gelöst z. B. ad Brut. I, 9, 1 ; 10, 4. A I, 3, 3; 5, 4. III, 15, 6. IV, 3, 3.
4) falsche Trennungen beseitigt z. B. ad Brut. I, 10, 4. A VIII, 12 B 2.
5) grössere und kleinere Lücken des Textes der m. 1 ausgefüllt z. B. ad Brut. I, 3, 2; 5, 2; 6, 2; 10, 4. Q. I, 1, 22; II, 11, 3. A I, 20, 2. XIV, 17A, 2 etc.

Bezüglich der Aeusserlichkeiten bei diesen Correcturen ist zu bemerken: Coluccio hat nur ausnahmsweise, und dann fast nur unter den bei *al* genannten Voraussetzungen, den Rand benutzt. Hofmann S. 11 f. behauptet zwar, dass der Ort, wo eine Correctur steht, für die Beurtheilung ihrer Herkunft ohne Wichtigkeit sei; aber die von ihm angeführten Beispiele beruhen auf falschen Collationen. Coluccio's Correcturen ohne Vorzeichen z. B. finden sich fast alle im Texte. War die Aenderung leicht, so hat er den Text radirt und die Buchstaben der m. 1 entsprechend ausgebessert; war die Correctur schwieriger, so pungirte er m. 1 aus oder setzte einen Querstrich darunter und schrieb seine Lesart darüber, wobei er häufig noch in der Zeile durch das Zeichen ∧ die Einschaltungsstelle bezeichnete z. B. ad Brut. I, 5, 1: ∧ *et* $\overset{etiam}{cetera.}$ Für den Nachtrag grösserer Ergänzungen, wie z. B. bei den beiden angeführten Stellen aus den Briefen an Quintus, ebenso in dem Falle, dass im Texte schon ein *at* oder *c'* übergeschrieben war, oder das zu verbessernde Wort am Zeilenende stand, hat Coluccio seine Correcturen an den Rand geschrieben. Doch sind die Fälle, wo er ohne einen derartigen klar hervortretenden Grund am Rande verbesserte, so äusserst selten im Verhältnisse zu seinen massenhaften Correcturen in und über dem Texte, dass wir ihm entschieden die Tendenz zuschreiben müssen, seine Correcturen im Bereiche der m. 1 anzubringen[28].

Die Hauptfrage ist diese: hat Coluccio zu seiner Correctur ohne Vorzeichen eine alte Handschrift gehabt oder beruhen diese Lesarten der m. 2 auf Conjectur? Es wird niemand im Ernste behaupten wollen, dass z. B. die grossen Ergänzungen ad Q. II, 11, 3 oder A I, 20, 2 aus Coluccio's Erfindung geflossen seien. Aber auch bei manchen kleineren Ergänzungen und Correcturen Coluccio's lässt sich mit ziemlicher Sicherheit der handschriftliche Ursprung nachweisen. Ich nehme zu diesem Zwecke die Resultate einer späteren Untersuchung voraus: es giebt trotz Orelli-Baiter's gegentheiliger Behauptung auch unter den erhaltenen Handschriften der Briefe ad Brut. Q. A. solche, welche nicht aus dem M 49, 18 abstammen, sondern eine selbständige Ueberlieferung repräsentiren. Als solche nenne ich zunächst einen Guelferbytanus 11 (W) und einen Dresdensis

---

28) Eine interessante Parallele zu Coluccio's Correcturverfahren bietet der M 49, 7, welchen Coluccio nach dem noch erhaltenen Archetypus M 49. 9 corrigirt hat. Auf meine Anfrage benachrichtigt mich Herr Prof. L. Mendelssohn in Dorpat, dass Coluccio's Verfahren in M 49,7 dasselbe ist, wie das von mir in M 49, 18 beobachtete. —

112 (D) (vgl. S. Kap. III). Diese beiden Handschriften stimmen in der Regel nicht mit m. 2 des M 49, 18, an einigen Stellen aber stützen sie die Lesart Coluccio's:

ad Brut. I, 4, 4 *descensurum* m. 1, *assensurum* m. 2 *assessurum* D.
        5, 1 *et cetera de Ventidio* m. 1 *etiam de Ventidio* m. 2 D.
        6, 2 *suspicionem de* m. 1, dazwischen eingeschoben *Torquato* m. 2, was auch in D steht, W *Torquati*
        6, 4 *pati necessariis* m. 1, dazwischen eingeschoben *a* m. 2, *pati a necessariis* W D.
       10, 1 *cogita* m. 1, *cognita* m. 2 W D.
       10, 4 *attestaturus* m. 1, drüber, *ad te futurus* m. 2, dasselbe haben W D.
       12, 3 *illum et te*; m. 2 hat die beiden letzten Worte an die Stelle einer Rasur geschrieben; *illum et te* W D.
       15, 1 *habenda* $\mathcal{Q}$ m. 1, $\mathcal{Q}$ getilgt und dafür am Zeilenende angeschoben *videatur* m. 2; ebenso W D.
       15, 7 *de c̄oi* m. 1, ausgestrichen, Zeichen ∧ und drüber *decimi* m. 2, D.
       16, 5 *prius dii* m. 1, dazwischen eingeschoben *omnia* m. 2 *prius omnia* W D.
       16, 6 *que ne traditam*; in diesen Worten ist *que* von m. 2 corrigirt, *ne* ganz von m. 2, ebenso lesen W D.
       16, 7 *ipsum largiris* m. 1, hinter *ipsum* am Zeilenende angeschoben *illum* m. 2, ebenso lesen W D.
       16,10 *incogitate* m. 1, *incognite* m. 2 W D.
       16, 8 *gerat qui illi id* m. 1, *gerat iis qui illud* m. 2 *gerat his qui illud* D *gerat hiis qui illum* W.
       18, 1 *Ant.m Kal sextiles* m. 1, *ad. VIII Kal. sextiles* m. 2 D.
       18, 2 *existimationi maxime* m. 1, dazwischen eingeschoben *tue* m. 2, ebenso lesen W D.
       18, 4 *flebilis* m. 1, *flexibilis* m. 2 W D.

In einigen Fällen wird Coluccio's Correctur auch durch den von M gleichfalls unabhängigen Tornaesianus (Z) gestützt:

A X, 10, 5 *vellunt ridiculos maius noverat* m. 1, hinter *maius* am Zeilenende angeschoben *si naris non erit* m. 2, ausserdem steht über *vellunt* von m. 3 *l uelo*, Z liest *vel lutridiculo si navis non erit*, das Richtige heisst *vel lintriculo si navis non erit*.

A VII, 13^b 7 *domitius igni* m. 1, dazwischen schiebt m. 2 ein *in maresis*, dasselbe liest auch Z nach Lambins Zeugniss; richtig ist *in Marsis*[29].

Wir kommen nun zu der wichtigen Frage, aus welcher Handschrift Coluccio die Correcturen ohne Vorzeichen genommen habe. Da ist zunächst auf eine Analogie aufmerksam zu machen. Auch nach Mendelssohn's neuester Untersuchung (Fleck. Jahrb. 1884 S. 851 etc.) über die Ueberlieferung von Cicero's Briefen F kann es »keinem Zweifel unterliegen, dass 49, 9 (Vercellensis) von Coluccio Salutato zur Verbesserung der ungemein fehlerhaften Abschrift 49, 7 verwendet worden ist«. Demnach dürfen wir auch in userm Falle annehmen, dass Coluccio, nachdem er weder durch Conjectur noch durch die Lesarten *al* einen lesbaren Text herstellen konnte, sich um das Original des 49, 18, um den Veronensis, der im Besitze der Visconti war, bemüht hat. Wir haben keine directe Kunde, dass Coluccio den Archetypus wirklich erhalten — aber in sehr vielen Fällen ist die Lesart der m. 2 der m. 1 so ähnlich, dass man auf den Gedanken kommt, es müssten der m. 2 dieselben Schriftzüge vorgelegen haben wie dem Schreiber des Textes. Ausserdem ist uns auch nicht bekannt, dass zu Coluccio's Lebzeiten irgend eine andere alte Handschrift der Atticusbriefe zum Vorschein gekommen sei. Also wird man wohl mit Recht die zahlreichen Ergänzungen des Textes und viele Emendationen der m. 2 aus einer Vergleichung des Archetypus mit der m. 1 des M 49, 18 ableiten. Nunmehr ist die Frage noch offen, ob alle Emendationen m. 2 aus einer Vergleichung des Veronensis entstammen, oder ob auch solche darunter sind, welche auf die Heranziehung einer zweiten Handschrift, oder auf Beimengung von Conjecturen Coluccio's deuten. Der erste Theil dieser Frage ist nach meinen Untersuchungen zu verneinen: nicht alle seine Verbesserungen ohne Vorzeichen las Coluccio so, wie er sie schrieb, im Veronensis; es finden sich manchmal Abweichungen zwischen m. 1 und m. 2, die man nicht einfach durch

---

[29] Diese beiden Stellen hat Herr Dr. Johannes Ilberg gütigst für mich im Mediceus nachgeschlagen.

Schreibfehler der m. 1 erklären kann. Zum Beweise für meine Behauptung führe ich folgende Stelle an: ad Brut. I, 1, 1 liest m. 1 *et clodi*; wir haben oben (S. 9) gesehen, dass dieses vollkommen überflüssige *et* wahrscheinlich einem missverstandenen Interpunctionszeichen des Veronensis seine Entstehung verdankt; trotzdem hat Coluccio in diesem Falle *at* darüber geschrieben, offenbar nicht auf handschriftlicher Grundlage, sondern in dem Bestreben, aus der Ueberlieferung durch Conjectur eine bessere Lesart herzustellen. Nun könnte man immerhin annehmen, Coluccio habe in diesem einen Falle die Hinzufügung seines Namens *c'* vergessen, aber derartige Fälle sind zu häufig, um diese Annahme gerechtfertigt erscheinen zu lassen. Dazu kommt, dass die Lesart der m. 1 in nicht wenigen Fällen in solchen Handschriften erscheint, welche von M offenbar unabhängig sind. In diesen Fällen liefert offenbar m. 1 ein getreueres Abbild des Veronensis als m. 2. Denn es ist nicht wahrscheinlich, dass zwei oder drei verschiedene Schreiber ganz verschiedener Zeiten, die auch nicht einmal dieselbe Vorlage copirten, an den gleichen Stellen die nämlichen Schreibfehler begangen hätten. Endlich ist hier auch noch der auffallenden Erscheinung Erwähnung zu thun, dass später Niccolo Niccoli in M 49, 18 nicht selten die Lesart der m. 1 gegen die der m. 2 wieder zu Ehren gebracht hat, und zwar auf handschriftlicher Grundlage. Das alles zusammengenommen nöthigt uns zu der Annahme, dass Coluccio in seinen Correcturen ohne Vorzeichen nicht immer den Text des Veronensis verkörpert habe.

Man beachte z. B.

ad Brut. I, 3, 2 *quo quidem die magnorum meorum laborum multarumque vigiliarum cepi maximum si modo est aliquis fructus ex solida veraque gloria*; hinter *vigiliarum* hat Coluccio eingeschoben *fructum*, was allerdings sehr nahe liegt, dieses Wort ist dann von m. 3 ausradirt, von m. 4 am Rande wiederholt worden; aber auch W D haben die Ergänzung nicht.

I, 5, 3 *rationem haberi etiam non petentis* m. 1. das letzte Wort ist durch Rasur und Correctur von m. 2 in *praesentis* verwandelt; aber Niccolo m. 3 hat die Randbemerkung *l potentis* und W D *petentis*

I, 8, 1 *dare operam* m. 1, ausradirt und drüber *narare* m. 2;
aber m. 3 schreibt *l dare*, W D *dare*
I, 9, 1 *fungro* m. 1, corrigirt in *fungerer* m. 2, am Rande
funereo m. 3, ebenso W D.
I, 10, 4 *perspexi* m. 1, durchgestrichen, drüber *perrexi*, W D
perspexi
I, 11, 2 *hunc exercitum esse debet* m. 1, das letzte Wort ist
unter Beisetzung des Zeichens ʌ von m. 2 durchstrichen, aber von m. 3 am Rande wiederholt *esse
debet* W *esse debere* D.
I, 15, 2 *virtus illius nois* [d. i. *nominis*] m. 1, das letzte Wort
gestrichen und dafür am Zeilenende angeschoben
non minus m. 2; *nōis* W.
15, 11 *quid autem queri quisquam potest de se* m. 1, das
letzte Wort in *me* corrigirt m. 2, aber drüber *l se*
m. 3, ebenso lesen W D.
16, 3 *aut nulla alia re* m. 1 corrigirt in *haud ulla alia re*
von m. 2; dann wurde *haud* auspungirt und drüber
gesetzt *aut* von m. 3, noch später hat m. 4 (?) *aut*
wieder gestrichen und die Lesart der m. 2 wiederhergestellt. *aut nulla alia re* W D.
16, 8 *rerertari (?) qui* m. 1, durch Rasur *rerertar* hergestellt und mit dem Zeichen ʌ eingeschoben *is sum*
m. 2. *rerertaris qui* W *rerertaris ero qui* D.
17, 1 *quia non omnibus horis jactatur idus martias* m. 1,
jactamus corrigirt m. 2, am Rande *uel iactatur* m. 3
ebenso lesen W D.
17, 7 *tacite nostre* m. 1, erstes Wort durchstrichen, drüber
athice m. 2 *h* durchstrichen, dann m. 1 und m. 2
durchstrichen, am Rande *atticae* m. 3 *tue ac ūre* W.

ad Q I, 3, 2 *non vides fuisse iracondie causa* m. 1, das *non* gestrichen und mit dem Zeichen ʌ hinter *vides* eingeschoben m. 2; wie m. 1 liest auch W.
vis lacrimarum et dolor m. 1, das letzte Wort corrigirt
in *dolorum* m. 2, aber drüber *l dolor* m. 3 *dolor* W.

A I, 5, 4 *acutiliano* m. 1, corrigirt in *attiliano* m. 2, am Rande
acutiliano m. 3.

VIII, 1, 2 *tu pessimo* m. 1, *tutissime* m. 2, aber *tupissimo* Z.
12, 2 *fabatum* m. 1, *fabium* m. 2, aber *fabatum* Z.

Endlich aber wird die Lesart m. 1 einigemal auch durch die Fragmente der Würzburger Handschrift[30] (= Codex Cratanders (?)) gestützt z. B.

A VI, 3, 5 *exaret* [für *vexaret*] m. 1 Vircch.
3, 9 *quo die* [für *quotidie*] m. 1 Vircch.

Aus diesen Beispielen, deren Zahl sich leicht noch vermehren liesse, ergiebt sich, dass die vielgeschmähten Schreiber des Textes in unserer Handschrift keineswegs für alle die Schäden der Ueberlieferung verantwortlich zu machen sind, welche Coluccio durch seine Correcturen ohne Vorzeichen zu heilen suchte. Die Uebereinstimmung von M^1 M^2 Z Vircch. W D in gewissen Fehlern zeigt vielmehr, dass dieselben schon im Veronensis Petrarca's und seinen Verwandten vorhanden waren. Da nun aber Coluccio auch an den genannten Stellen vom Texte der m. 1 abwich, so kann der Veronensis nicht die einzige Quelle seiner Correcturen ohne Vorzeichen gewesen sein. Nunmehr ist eine doppelte Möglichkeit gegeben: entweder entnahm Coluccio die vom Texte des Veronensis abweichenden Lesarten einer anderen alten Handschrift oder dieselben beruhen auf Conjectur. Die Entscheidung hierüber kann nicht zweifelhaft sein:

1) Wir wissen nichts davon, dass bei Coluccio's Lebzeiten eine andere alte Handschrift der Briefe ad Brut. etc. als der Veronensis ans Licht gekommen sei.

2) Hätte Coluccio zur Correctur von M 49, 18 ausser dem Veronensis noch eine andere, vom Veronensis unabhängige Handschrift benutzt, so hätte er in derselben wohl die Ergänzung für A I, 18—19 oder vielleicht den Schluss der Atticusbriefe vorgefunden. Wir haben aber oben S. 8 gesehen, dass Coluccio nicht so glücklich gewesen zu sein scheint, ja dass man zu Florenz sogar im Jahre 1408 noch nichts von der grossen Lücke in A I und ihrer Ausfüllung gewusst hat. Demnach ist es nicht wahrscheinlich, dass

---

30) Vgl. über diese Handschrift, sowie über den bisherigen Stand der Ueberlieferungsfrage den vortrefflichen Jahresbericht von Karl Schirmer (Philol. 1886, S. 133—183), in welchem die Ergebnisse der Forschung von 1829—1886 zusammengefasst sind.

er ausser dem Veronensis, der wohl auch die betr. Lücken zeigte, noch eine alte Handschrift unserer Briefe verglichen habe.

3) Coluccio hat den M 49, 7 der Briefe F. einer Correctur unterzogen, welche in allen Hauptpunkten an die Correctur ohne Vorzeichen im M 49, 18 erinnert. Dieselbe ist gleichfalls unter Zugrundlegung des Archetypus M 49, 9 gemacht, sie hat kein Vorzeichen, das zu tilgende Wort ist oftmals unterstrichen, die Correctur über den Text gesetzt, mit dem Zeichen ⋏ eingeführt etc. Die Vergleichung mit M 49, 9 ergiebt aber, dass Coluccio diesen Correcturen eigene Conjecturen beigemischt hat z. B.

F VIII, 1, 1 *ex ea hibea* MP¹, aber in P darüber von Coluccio's Hand *exhibeam*

VIII, 1, 4 *palam secreto* MP¹ aber Coluccio setzte in P über das erste Wort *plane*³¹

Aus diesen 3 Momenten schliesse ich, dass in M 49, 18 ein Theil der Correcturen ohne Vorzeichen m. 2 auf Conjecturen Coluccio's beruht. —

Nunmehr könnte es scheinen, als zerflösse das oben ausgesprochene Lob der Gewissenhaftigkeit Coluccio's in Nichts, da er einen Theil seiner Conjecturen unter *c*², andere in willkürlicherer Weise ohne Vorzeichen eingeführt hat. Aber die inneren Unterschiede fehlen nicht ganz. Das Corpus *c*² ist vor der Vergleichung des Veronensis ohne andere handschriftliche Grundlage als m. 1 eingetragen worden, die Conjecturen ohne Vorzeichen dagegen bilden eine spätere Gruppe, sie basiren auf dem Texte des Veronensis, der besten Textquelle, die Coluccio zugänglich war, sie erschienen ihm also den echten Lesarten des Veronensis fast gleichwerthig; er hat sie deshalb diesen gleich behandelt. Aber auch so verdient Coluccio noch das Lob eines verhältnissmässig methodischen Verfahrens im Vergleiche zur Leichtfertigkeit der humanistischen Genies in den folgenden Jahrzehnten. Wenn wir in diesem Falle einmal die practischen Consequenzen unserer Untersuchung ziehen wollen, so wird man der m. 1 in allen Fällen, wo ihre Lesart durch von M unabhängige Handschriften bestätigt wird, vor m. 2 den Vorzug geben müssen; auch sonst wird m. 1 in erster Linie berücksichtigt werden

---

31) Diese Stellen verdanke ich der Güte des Herrn Prof. L. Mendelssohn.

müssen, wenn die Abweichung der m. 2 nicht durch einen Schreibfehler der m. 1 zu erklären ist. Die übrigen Correcturen m. 2, sowie die grösseren Ergänzungen Coluccio's verdienen unser volles Vertrauen. —

Ausser seiner Textrecension hat Coluccio auch noch andere Spuren seiner Thätigkeit in M 49, 18 hinterlassen. Die meisten der vorkommenden Eigennamen hat er auf den Rand herausgeschrieben und uns somit, falls ein Name im Texte von späterer Hand corrigirt ist, wenigstens am Rande die alte Lesart erhalten. Das ist in einzelnen Fällen von Wichtigkeit; so könnte man z. B. zweifelhaft sein, ob in der beigegebenen Probe aus 49, 18 (Tafel 3 Zeile 20) die Variante zu *teuxim* am Rande *l zeuxim* nicht von Coluccio herrühre, aber er hat den Namen im Summarium am Rande in derselben Form wiedergegeben wie m. 1: *Teuxis*; zum Ueberfluss füge ich hinzu, dass auch Poggio in H *teuxim* geschrieben hat. —

Oefters hat Coluccio auch seine Gedanken über das Gelesene am Rande verzeichnet z. B.
ad Brut. I, 10, 2 *Nö de d. Bruto*
  I, 15, 3 *Res p. et praemio continetur et pena*, ein Satz, der
    den Coluccio als Staatsmann interessirte.
  15, 9 zu den Worten Cicero's: *sed erro fortasse, nec tamen
    is sum, ut mea me maxime delectent* am Rande *Nescio
    si usquam humilius de te laudes Tulli*. Hier redet
Coluccio in dem Bestreben, sich mit den grossen Männern des Alterthums in die engste Gemeinschaft zu setzen, den Tullius wie einen Lebenden an, das erinnert an die Briefe, welche Petrarca an die gleichen Adressen richtete. Nicht immer hat sich Cicero Coluccio's Zustimmung zu erfreuen z. B. ad Q. I, 3, 5 zu den Worten: *diutius in hac vita esse non possum. Neque enim tantum virium habet ulla aut prudentia aut doctrina, ut tantum dolorem possit sustinere*, in denen sich Cicero's ganze Kleinmüthigkeit während der Verbannung offenbarte, hat Coluccio zugeschrieben: *quid ais philosophe desperate?* Salutato hatte wohl ein Recht zu dieser Bemerkung, wenn er daran dachte, wie Dante die Verbannung ertragen oder wie er selbst im herbsten Unglück die volle Würde des Mannes beibehielt. In dem Kampfe zwischen Cicero und M. Antonius scheint Coluccio entschieden für Antonius Partei genommen zu haben, dessen Wesen ihm wohl

durch Plutarch's Biographie des Antonius, welche Bruni übersetzt und dem Kanzler gewidmet hatte, erschlossen worden war[32]. Coluccio hat nämlich in der ep. ad Oct. 3 zu den Worten: *M. Antonius, vir animi maximi — utinam etiam sapientis consilii fuisset* am Rande angemerkt: *Nunc errorem confiteris tuum de M. Antonio* und ebenso § 8 zu den Worten *utinam te potius, Antoni, dominum non expulissemus quam hunc reciperemus* am Rande beigeschrieben *Tandem de Antonio digne scribis*[33]. Wir sehen, dass der energische Character des M. Antonius vor den Augen des alten Florentiner Staatsmannes ebenso Gnade fand, wie vor der neuesten Geschichtschreibung. —

§ 5.
Die Bibliothek der Visconti zu Pavia und ihre Handschriften von Ciceros Briefen.

Im weiteren Verlaufe unserer Untersuchungen über den Codex 49, 18 wird es nöthig sein zu wissen, ob nach Coluccio's Tode noch alte Handschriften von Cicero's Briefen in Italien ans Licht gekommen sind. Schon Detlefsen (Fleck. Jahrb. 1863 S. 558) hat in dieser Hinsicht auf die Bibliothek der Visconti zu Pavia aufmerksam gemacht und einige interessante Notizen aus einem 1426 verfassten, jetzt zu Mailand verwahrten Kataloge derselben mitgetheilt. Genaueres über den ehemaligen Bestand dieser Büchersammlung findet man jetzt in dem Werke des Grafen Girolamo d'Adda[34], welches ausser vielen

---

[32] Vgl. meinen Aufsatz Zeitschrift für allgem. Gesch. etc. 1886 Heft 6 S. 399 und 406.

[33] Es ist mir kaum verständlich, wie Hofmann in derartigen Bemerkungen Coluccio's, die sich unter dem unmittelbaren Eindrucke des Gelesenen seinem Herzen entrangen, Interpolationen finden kann S. 16: »Allerdings können Interpolationen darunter sein, und sie sind es gewiss, selbst von Coluccio's Erfindung. Oder kann man es anders erklären, wenn m. 2 beischreibt zu IX, 9 *cur philosophe desperas et optas quae mutari non possunt?* und IX, 12 *fateri iam incipis electionis tuae stultitiam.*«

[34] Indagini storiche, artistiche e bibliografiche sulla Libreria Visconteo-Sforzesca del Castello di Pavia per cura di un bibliofilo. Parte prima. Milano 1875 Appendice alla parte prima Milano 1879. Dieses Buch, nur in 200 Exemplaren gedruckt, ist in Deutschland sehr selten, ich habe das Exemplar der Göttinger Universitätsbibliothek benutzt.

bezüglichen Documenten einen vollständigen Abdruck des erwähnten Katalogs enthält. Freilich ist das, was Graf d'Adda bietet, im Grunde nichts als Rohmaterial, denn was er den Akten selbst hinzufügt ist mangelhaft. Trotzdem enthält das Buch manchen noch unbenutzten Stoff für die Kenntniss mittelalterlicher Litteraturwerke und für die Geschichte der Renaissance, speciell auch für die Ueberlieferungsgeschichte von Cicero's Briefen. Ich gehe deshalb etwas näher auf die Entstehung der Sammlung und auf ihre 1426 erfolgte Katalogisirung ein, welcher letzteren, als der ersten derartigen grösseren Arbeit nach dem Wiedererwachen der Wissenschaften, ein allgemeineres Interesse zukommt. —

Die Bücherei der Visconti geht auf Azzo[35] (1328—1339) zurück; sie wurde vermehrt und erhielt ihren Platz in einem Saale des neuerbauten Schlosses zu Pavia durch Galeazzo II. († 1378). Galeazzo stand, wie sein Oheim Giovanni Visconti, in engen Beziehungen zu Petrarca, der sich von 1353 an acht Jahre lang am Hofe der Visconti aufhielt. Durch Petrarca haben wohl die Visconti auch Kunde von den Schätzen der Dombibliothek zu Verona erhalten, und es ist nicht unwahrscheinlich, dass der Veronensis der Briefe A bereits unter Galeazzo II. in die Schlossbibliothek zu Pavia wanderte. So finden wir nachträglich noch eine Erklärung dafür, dass Broaspini in Verona 1374 schon nicht mehr in der Lage war, eine Copie des Veronensis zu beschaffen. Wir verstehen nun auch, warum sich Colnecio an den Kanzler der Visconti wandte, um die gewünschte Abschrift zu erhalten[36]. Noch leichter fiel es den gewaltthätigen und habgierigen Herrn von Pavia, die alten Handschriften des Doms von Vercelli z. B. den Codex der Briefe F. zu erwerben, denn diese Stadt lag in ihrem Gebiete. Was uns in diesen beiden Fällen bezeugt ist, wird wohl öfter vorgekommen sein: in das Castell zu Pavia flossen handschriftliche Schätze aus oberitalischen Bibliotheken

---

35) Delisle, »Le cabinet des manuscrits de la bibl. impériale etc.« Paris 1868 S. 129.

36) Dass die betr. Abschriften für Colnecio in Mailand und nicht in Pavia gefertigt wurden, beweist nichts gegen meine Ansicht, die Originale seien zu Pavia verwahrt worden. Denn aus den Randbemerkungen des Katalogs von 1426 geht hervor, dass die zu copirenden Bücher nach Mailand gebracht und später nach Pavia zurückbefördert wurden.

zusammen, noch bevor Niccolo Niccoli und die Medici zu Florenz den Visconti Concurrenz machten. Nur so lässt es sich erklären, dass zu Anfang des XV. Jahrhunderts die libreria Viscontea die bedeutendste in ganz Italien gewesen zu sein scheint und dass sich, als Filippo Maria Visconti den Befehl zur Katalogisirung gab, an 1000 Handschriften vorfanden[37].

Merkwürdig und für die Beurtheilung des Katalogs unentbehrlich sind auch die Worte, mit denen die beauftragten Männer ihre Arbeit eingeleitet haben:

IN NOMINE DOMINI AMEN.
·MCCCCXXVI.

Consignatio librorum Illustrissimi principis et excellentissimi domini Domini — Ducis Mediolani etc. Papie, Anglerieque Comitis ac Janue domini facta in libraria castri papie per nobiles et Egregios viros D. Augustinum de Selafenatis et laurentium de Regio, Magistros Intratarum prefati domini. Nobilibus virix Johannolo billie Castellano dicti castri papie et Johannino de Calchaterris negociorum gestore possessionum eiusdem domini. Incipiendo ad ultimam lineam inferiorem a parte sinistra Introitus in hostium librarie predicte. Que consignatio facta fuit a die quarta usque in diem octavam mensis Januarii anni suprascripti.

Zwei Steuerdirectoren, der Schlosshauptmann von Pavia und ein Guterverwalter der Visconti, das waren die Männer, denen die Inventarisirung der Viscontea anvertraut wurde. Schon die Zusammensetzung der Commission aus solchen Männern und das barbarische Latein, welches sie schreiben, zeigt, dass die humanistische Bewegung

---

37) Dieser Befehl, erhalten im Archivio di Stato Milanese, ein merkwürdiges Denkmal der lateinischen Bildung des letzten Visconti lautet also:

[1425, 19. dicembre.]
Johannolo Bilie Castellano nostro.

Dilecte noster. Mittimus illuc Augustinum de Selafenatis et Laurentium de Regis latores presencium, facturos descriptionem et unum repertorium de libris et rebus existentibus in libraria illic nostra. Propterea volumus quod paciaris et permittas dictos Augustinum et Laurentium dictam facere descriptionem cui et tu cum eis intersis sine aliqua exceptione.

Mediolani XVIIII. decembris 1425.

Scribatur filiis quondam Francisci de Seregariis quod tradant claves Librarie dominis Augustino et Laurentio suprascriptis.

am Hofe der Visconti noch keine tiefen Wurzeln geschlagen hatte. Wenn wir dazu erwägen, dass die Katalogisirung in nur 4 Tagen vollendet wurde, so werden wir im Voraus auf manches Missverständniss gefasst sein. Immerhin ist der Katalog ziemlich ausführlich und besonders deswegen brauchbar, weil von den Handschriften nicht nur die frühere Signatur, sondern Anfang und Ende des Textes angegeben sind. Wir versuchen mit diesen Hilfsmitteln etwas Genaueres über die Herkunft der drei Handschriften von Cicero's Briefen A No. 610, 622, 857 und somit über die Entstehung der Viscontea zu erkunden.

1) No. 610. *Tullii Epistole ad Aticum, coperte corio rubeo albicato. Incipiunt Quam contemplationem. et finiuntur atque etiam rogo.*
sig. DCCCCXIII.

Der Schluss dieser Handschrift stimmt mit dem Schlusse der Briefe A *atque etiam rogo* überein. Demnach war die Handschrift keine Copie des M 49, 18. Den Anfang *quam contemplationem* wusste Detlefsen nicht nachzuweisen. Aber wenn wir unseren Text nur wenige Worte über den Anfang der Brutusbriefe des sogenannten I. Buches rückwärts verfolgen in das Bereich des sogenannten II. Buches an M. Brutum, so stossen wir im § 6 des 5. Briefes (Wesenberg) auf die Worte: *quam contemplationem*. Diese Entdeckung ist von der grössten Wichtigkeit. Aus derselben folgt

I) dass der Papiensis 610 auch im Anfange einen vollständigeren Text bot als der M 49, 18;

II) dass die Angabe Cratanders vor den Briefen des sogenannten lib. II ad M. Brutum: *Hanc et sequentes quinque epistolas ad Brutum, quod a Ciceroniana dictione abhorrere non videbantur et in vetusto codice primum locum obtinerent, nos hautquaquam praetermittendas existimavimus* eine geahnte Bestätigung findet. Denn auch in unserm Papiensis (oder in seinem Archetypus) gingen offenbar die Briefe lib. II den Briefen lib. I ad M. Brutum voran, und die Worte *quam contemplationem* zeigen uns genau die Stelle, wo durch Abtrennung der ersten Blätter jene Verstümmlung des lib. IX ad M. Brutum eintrat, welche in ihrem vollen Umfange erst kürzlich von L. Gurlitt erkannt worden ist[3]. Trotzdem darf man nicht glauben, dass im Papiensis 610 der Träger einer auch vom Veronensis ganz

---

38) Fleck. Jahrb. 1885, S. 565.

unabhängigen Ueberlieferung vorgelegen habe. Dass vielmehr der Papiensis 610 und der Mediceus 49, 18 untereinander verwandt waren, zeigt die im Wesentlichen gleiche Verstümmlung des Textes im Anfang, obwohl der Papiensis einige Worte mehr bietet. Es ist keineswegs ausgeschlossen, dass beide Handschriften Copien des Veronensis sind. Man müsste in diesem Falle annehmen, dass der Veronensis nach Verlust der ersten Blätter mit dem Briefschlusse *quam contemplationem atque imitationem tui. XIII (?) Kalend. Maias* begann und ursprünglich auch am Ende vollständig war. Diesen Textbestand hat der Schreiber des Papiensis genau wiedergegeben, während die betr. Schreiber des Mediceus die zusammenhangslosen Worte *quam contemplationem etc.* wegliessen, um mit einem vollständigen Briefe zu beginnen, und den Schluss des Veronensis nicht mehr vorfanden. Wer war nun jener sorgsamere Schreiber des Papiensis, welchem der Veronensis am Schlusse noch vollständig vorlag? Ich denke: Petrarca, dessen eigenhändige, noch immer verschollene Abschrift des Veronensis hier eine Spur hinterlassen hat. Wie aber sein Exemplar nach Pavia kam, darauf antwortet der folgende Abschnitt.

2) No. 622. *Bruti Epistole ad Ciceronem voluminis parvi coperti assidibus sine corio, cum certis Alexandri gestis. Incipit. Cesar opio Cornellio salutem. et finitur oblitus est dei.* sig. DLXXVIIII.

Der Titel der Handschrift ist offenbar ungenau, denn der Anfang des Textes weist uns nicht auf die Brutusbriefe, sondern auf die Briefe an Atticus. Der erste Brief der Handschrift war A IX, 7. C: *Caesar Oppio Cornelio Sal.* Demnach enthielt dieselbe wahrscheinlich die zweite Hälfte der Briefe A lib. IX—XVI und war im Anfang verstümmelt. Die Bezeichnung *Bruti Epistole* erklärt sich daraus, dass hier die zweite Hälfte derjenigen Briefgruppe vorlag, welche mit den Brutusbriefen begann. Man konnte die ganze Gruppe mit demselben Rechte nach dem Anfang benennen, mit welchem z. B. Flavio Biondo (Italia illustrata opp. Basil. 1599, S. 346) die Briefe ad Familiares *epistulas Ciceronis Lentulo inscriptas* bezeichnet. Ob die Brutusbriefe in dieser Handschrift überhaupt mit überliefert waren, ist mir im höchsten Grade zweifelhaft, da keine Tradition bekannt ist, in welcher die Brutusbriefe hinter A ständen. Dagegen folgten auf die zweite Hälfte der Atticusbriefe hier *certa Alexandri gesta*. Unter diesem Titel verbirgt sich vielleicht jenes kurze *Itinerarium*

Alexandri ad Constantinum Augustum, welches in einer Handschrift der Ambrosiana saec. XI erhalten ist, oder es waren jene *Alexandri gesta, secundum Gualterium*, welche in No. 348 und 349 des Katalogs erscheinen.

Der Papiensis 622 ist für uns besonders dadurch interessant, dass er uns auf die Vermuthung führt, dass auch die Briefe an Atticus ursprünglich in zwei Gruppen zu je 8 Büchern überliefert waren. Ueber die Herkunft der Handschrift verbreitet die alte Signatur DLXXVIIII etwas Licht. Wir finden nämlich nach der alten Signatur folgende Bücher in der Umgebung:

sig. DLXXVII (No. 310) Gregorii dialogus in vulgari, mediocris voluminis coperti corio rubeo aminiati auro in folio primo cum insignia illorum de Carraria. Incipit Questo libro. et finitur in secula seculorum amen.

sig. DLXXX (No. 342) Potestatum padue nomina in magno volumine papiri. coperto assidibus cum fondo corii albo. Incipit in rubrica nota quod anno. et finitur deo gratias.

Man darf wohl annehmen, dass die alte Signatur die Reihenfolge bezeichnet, in welcher die Bücher erworben wurden. Demnach befand sich der Papiensis 622 ehemals in der Gesellschaft eines Buches mit dem Wappen der Carrara von Padua und eines Verzeichnisses der Podestà derselben Stadt. Das weist uns auf Padua hin. Hier hatten sich die Carrara nach Kaiser Heinrich's VII. Tode zu Herren aufgeschwungen. Die Carrara waren bei aller Neigung zur Tyrannei Bücherjäger und Musenfreunde wie die Visconti; Petrarca stand in seinem Alter zu ihnen in den engsten Beziehungen, er lebte an ihrem Hofe als ein hochverehrter Gast, dem Francesco II. Carrara widmete er sein Buch de viris illustribus und nahe bei Padua beschloss er seine Tage. Als Petrarca starb, waren die Carrara die nächsten, den besten Theil seiner Bibliothek zu erwerben. Zu Anfang des XV. Jahrhunderts fand dieses Geschlecht durch die mit Venedig verbundenen Visconti ein schreckliches Ende: damals, vielleicht aber auch schon während der für Padua unglücklichen Kämpfe mit Giovangaleazzo ist wohl die Bücherei der Carrara, darunter auch der spätere Papiensis 622, nach Pavia gekommen. So erklärt es sich, dass wir ausser No. 342 noch andere chronistische Werke aus Padua in der Viscontea vorfinden z. B. 396 (sig. DCCLXXVII) und 397 (sig. DCCLXXXI) und dazu eine Reihe von Büchern, welche offenbar ursprünglich zur Bibliothek Petrarca's gehörten, dann von den Carrara erworben wurden und mit der Bibliothek der Carrara in die Viscontea gelangten. So findet sich unter *sig. DLX* (No. 163) *Homeri ylias coperta corio rubeo cum clavaturis. Incipit Ira cane dea, pellidis Achillis et finitur hectoris bellicosi.* und dazu das Schwesterexemplar *sig. DLVIIII* (No. 219) *Homeri ulixea rapsodia. Incipit virum michi pande, et finitur atque voce.* Das sind die Uebersetzungen [39] des Leonzio Pilato, welche auf Petrarca's Anregung entstanden sind. Beide kamen später aus der Viscontea nach Pavia und kennzeichnen sich noch heute als ehemaliges Eigenthum Petrarca's [40].

Auch der alte metrische Auszug aus der Ilias No. 14 *Homerus de troiano bello . . Incipit Iram pande michi et finitur esse poema latinum* war wohl in Petrarca's Besitz.

sig. DCVII (No. 9) enthält *Homerice yliades periocha Virgilii. Centona. tragedia Ezerini. tractatus super tragediis componendis . .* [41]

sig. DCXL (No. 368) *Musatus . . Incipit in rubrica Albertini musati et finitur Infectantis exuperet.*

sig. DCCLXXXV (No. 89) *Lonatus cum Musato . . Incipit in rubrica Lupi ratis paduani et finitur in lonato flagitiis argumentis, et in fine libri et non constitutivis.*

---

39) Auch eine griech. Ilias war in der Viscontea *sig. CCCXXXV* (No. 8) *Homeri yllias in mediocri volumine scriptus in papiro in littera greca*, dazu die interessante Randbemerkung: *Portatus Mediolanum per Candidum decembrem datus sibi in castro papie per Aluysium de ferrariis, et Ant. calcat. in executione litterarum ducalium datarum Mediolani die III. Augusti MCCCCXXXVIIII. Reportatus fuit die XXI. decembri 1446 per Murchum de ferrariis et Ant. calcaterram et positus ad locum cum duabus eius translationibus.* Candido Decembrio hat bei seiner Uebersetzung die Arbeit des Leonzio benutzt; das lehrt eine entsprechende Randnote über die Darleihung zu No. 163 *sig. DLX*. Man ist im Zweifel, ob Decembrio 6 Bücher übersetzt hat (Saxius S. 293) oder 12, wie Argelati angiebt (vgl. Voigt II, S. 193'. Der Zweifel löst sich vielleicht durch die Note zu No. 219 *sig. DLVIIII*, welche besagt, dass Decembrio auch die Uebersetzung der Odyssee des Leonzio 7 Jahre entliehen hatte. Vielleicht hat Decembrio auch 6 Bücher der Odyssee übersetzt.

40) Vgl. Delisle S. 139 f.

41) Die Handschrift enthielt u. a. die lateinische Tragödie des Mussato *Eccerinis* (Voigt II, 409), vielleicht ist auch *Centona* ein ähnlicher Titel. Der *tractatus super trag. comp.* rührte wohl auch von Mussato her, der erste derartige Essai aus der Renaissance.

Albertino Mussato und Lovatto waren ganz specifisch paduanische Dichter, Petrarca war mit ihnen vertraut, aber ihr Ruf war kaum über Padua hinausgedrungen, ihre Werke in der Viscontea stammen wohl aus der Bücherei der Carrara. Auch der Virgilius mit Servius Commentar *sig. DCXXXVI* (No 165) gehört zu dieser Reihe von Büchern, denn er war von Petrarca mit Glossen versehen worden [12]. Endlich ist es auch nicht zufällig, wenn wir ausser dem vollständigen Werke Petrarca's de viris illustribus *sig. DCCCCXVI* (also nach der Signatur unweit Petrarca's Exemplar der Briefe A s. o.) auch noch den von Francesco Carrara veranlassten Auszug vorfinden *sig. DCCLXXV* (No 389). Vielleicht stammt die grosse Serie der Handschriften von sig. *DXLIIII* [13] bis über *sig. DCCCCXVI* hinaus zum grössten Theile aus der Bibliothek der Carrara. Zu dieser Serie gehört auch das oben besprochene Exemplar Petrarca's (?) von Cicero's Briefen No. 610 und der Codex No. 622, welcher vermuthlich mittelalterlichen Ursprungs, vielleicht ein paduanischer Bruder des Veronensis war.

3) No. 857. *Liber unus epistolarum ad Ciceronem brutum in carta et littera notarina, qui incipit in textu Clodius tribus plebis designatus, et finitur tertio nonas martias, et copertura corii albi hirsuti et duabus clavetis.*

Der Text dieses Buches begann mit denselben Worten wie der M 49, 18; man würde aber irren, wollte man als Inhalt nur das sogenannte I. lib. ad M. Brut. annehmen. Die Bezeichnung *liber unus* findet sich im Kataloge vor fast allen Büchern von No. 824—965, d. h. vor fast allen denjenigen Büchern, welche keine alte Signatur haben, ohne jede Rücksicht auf den Inhalt. Zudem weist uns das Ende des Textes nicht auf die Brutusbriefe, wo das Datum *tertio nonas Martias* gar nicht vorkommt. Dieses Datum aber findet sich — mit ganz unbedeutender Abweichung der Ueberlieferung — am Ende des

---

12) Indagini etc. S. 119 .. *il Virgilio era in quella nostra libraria li, quale è nel margine d'intorno Servio, et è etiandio ghiosato de mano del Petrarcha* . . aus einem Briefe des Cichus, Mediolani 17. Oct. 1460.

13) Von *sig. DXLIII* rückwärts bis *sig. CCCCLXXXXI* finden wir eine Serie von meist altfranzösischen und provençalischen Handschriften, die vermuthlich von den französischen und savoyischen Prinzessinnen, welche nach Mailand heiratheten, mitgebracht oder ihnen zu Ehren geschrieben wurden. Der Romanist wird hier manchen interessanten Titel und Textanfang finden.

VIII. Buches an Atticus. Der letzte Brief dieses Buches ist nämlich
a. d. III. nonas Martias geschrieben; freilich steht in M 49, 18 das
Datum nicht am Ende des Briefes, sondern parenthetisch in § 2.
cum haec scribebam illi non Asiam, wofür man in den Ausgaben liest
cum haec scribebam IIII. nonas iam etc. Es fehlt also auch hier
Martias in M 18, indes das könnte leicht eine Ergänzung des
Schreibers von No. 857 sein; eine Conjectur schien hier um so
mehr am Platze, weil wohl auch die Vorlage von No. 857 einen
unrichtigen Text bot. Denn die Handschrift 857, in litera notarina
geschrieben und ohne Laufnummer, dazu mit gleichem Textanfang
wie M 18, war vermuthlich eine Copie des Theiles des Veronensis, welcher die Briefe ad Brut. ad Q. ad Oct. und A I—VIII
enthielt. Dass No. 857 nur die Hälfte der Gruppe enthielt, scheint
auch daraus hervorzugehen, dass diese Handschrift später zusammen
mit No. 622 (A IX—XVI) copiert wurde[14].

Dass die besprochenen Handschriften zu Pavia nicht ganz der
Vergessenheit anheimgefallen waren, lehren uns einige Bemerkungen
im Kataloge sowie einige Erwähnungen in den von G. d'Adda ver-
öffentlichten Documenten.

Zu No. 610. *Tullii Epistole ad Aticum etc.* ist im Kataloge am
Rande bemerkt: *Portate fuerunt Mediolanum, et postea reportate in
librariam coperte corio albo die XVIII Febbruarii MCCCCXXX.*

*Portate fuerunt Mediolanum per Ant. filium d. Johannini calcaterre
die VIIII Junii MCCCCXXXVI.*

Demnach ist das Buch 1430 zu Mailand neu eingebunden und
1436 daselbst abgeschrieben worden. Dass der Codex später der
Bibliothek wieder einverleibt wurde, folgt erstens daraus, dass ihn
der Herzog Francesco Sforza 1464 ausser anderen Codices für seine
Söhne kommen liess[15], zweitens aus einem späteren Kataloge, der

---

14) s. S. 55. — Man könnte auf den Gedanken kommen, dass auch No. 338
Briefe Cicero's enthalten habe, weil dieses Buch im Katalog folgendermassen bezeichnet
ist: *D. Franc. petrarca, de gestis Cesaris . . . Incipit in textu Gaii Julii Cesaris
dictatoris . et finitur ad Aticum libro VIII.* sig. DCCLIII.
Aber der angegebene Textschluss findet sich wirklich in den gesta Caesaris bei
einem Citat in Cap. 21: *Is enim epistolarum ad Atticum libro octavo etc.* (Viertel S. 35).

15) Indagini etc. S. 121, XXXII, Missive Reg. 68, Bl. 31.
Comiti Bolognino de Attendolis.
Hanno de bisogno, secondo n'hanno facto rechiedere, li Inclyti nostri fyglioli chi

jetzt zu Paris in der Nationalbibliothek Fonds latin 11400 verwahrt wird. In diesem Buche findet sich (nach Detlefsen S. 559) ausser den »*Ordeni di libri della Libraria del Castelle de pavia facto et ordinato ut Infra per Sr. Facino da Fabriano ducale Camerario*«[16] von folio 19ᵛ an noch ein Katalog unter dem Titel »*Libri del Illustrissimo Signore duca Galeaz Maria repositi nella libraria de pavia a di primo octobr. 1469 scontrati con Marcho trotto*[17] *a di 5 detto*« und in diesem auch *le epistole de Tullio* (= No. 610). Endlich wird dasselbe Buch in einem Aktenstücke des Jahres 1478 unter den Büchern erwähnt, welche dem Jo. Galasso de Galassi, wahrscheinlich zum Copiren, überlassen werden: *Lepistole di Tullio alle quali li manca una chiarella.* —

Auch von No. 622 und 857 taucht noch einmal eine Kunde auf in einem Briefe des Herzogs Francesco Sforza an den Castellan von Pavia vom 24. November 1464, worin der Herzog befiehlt, einige Bücher nach Mailand zu schicken, damit sie daselbst für Signor Malatesta von Cesena abgeschrieben werden können, doch soll immer nur ein Buch auf einmal geliefert werden[18]. Die hier genannte *Epistola Cesaris Cornelio* ist sicher identisch mit No. 622, die *epistole Bruti* mit No. 857 des Katalogs von 1426. Demnach müsste man in der Bibliothek der Malatesta zu Cesena nachsuchen, um Copien der oben

---

sono in Abbiate di questi libri, videlicet Tito Livio, Salustio Iugurtino et Catilinario, Oratione de tulio, Epistole de Tulio ad Acticum, Comentarii de Cesare, Quintiliano, Prisciano et uno vocabulista come è a papia o vero un altro che sia bono etc.....
Franciscus Sfortia Vicecomes manu propria subscripsit.

16) Die Acten über diese Katalogisirung durch Facino da Fabriano finden sich Indagini etc. S. 100—112.

17) Marcho Trotto war Kanzler des Herzogs vgl. Indagini S. 120, XXIX.

18) Indagini etc. S. 122, XXXIII Reg. 68. Bl. 49.

Comiti Bolognino de Attendolis. Dal Magnifico Signor Malatesta da Cesena siamo pregati gli vogliamo fare commodità de far transcrivere in quella nostra cità li Infrascritti libri quali sono in quella nostra libraria per compiacerli. Adunche siamo contenti et volimo che al suo messo latore de la presente debiate imprestar dicti libri ad uno ad uno, ita che transcritto et restituto l'uno habii l'altro.
Mediolani 24 Novembris 1464.

Lactantius supra Stacium Thebaidos.
Comendationis Scipionis.
Josephus contra Manetonem egiptum, Phormionem stoycum et alios.
Josephus contra opinionem gramatici?
Epistola Cesaris Cornelio et epistole Bruti.

besprochenen Handschriften ans Licht zu bringen. Detlefsen notirt aus Cesena »plut. sin. XIX, 1 auf Pergament in Grossfolio aus der Mitte des 15. Jahrhunderts. Auf dem Rande von f. 1' sieht man ein Ross, das Wappen der Malatesta, mit der Beischrift PAN. (dulfus) MAL.(atesta) NO(velli) FIL.(ius) HOC. DEDIT. OPVS. Die Handschrift enthält die Briefe an Brutus, Quintus Cicero, Octavius und Atticus vollständig.« Falls diese Handschrift die 1464 zu Mailand geschriebene ist, so würde sie aus einer Verbindung des Textes von No. 857 und No. 622 bestehen. Sie würde dann im Anfange des IX. Buches A vermuthlich dieselbe Lücke zeigen wie No. 622. In den Katalogen von 1459 und 1469 hat Detlefsen No. 857 nicht erwähnt gefunden, doch könnte 622 wegen des Titels *Epistola Cesaris Cornelio* übersehen worden sein.

Trotz geordneter Verwaltung erlitt die Bibliothek z. B. durch ungetreue Darleiher (Indagini S. 113, XXIII) manchen Verlust, andererseits wurden aber auch bis in die letzten Zeiten ihres Bestandes für Vermehrung der Bücher und Verzierung derselben durch Miniaturen etc. von den Sforza beträchtliche Summen aufgewendet (Indagini S. 127 f., XLI, XLII, XLVI, LIV etc.). Noch am 3. September 1497 konnte der Schlosscastellan mit Stolz die wohlgeordnete Bibliothek den Gesandten der Republik Venedig zeigen, welche sie für die schönste der Welt erklärten (Indagini S. 169, LXIV) — dann kam das Ende der herrlichen Sammlung durch die Franzosen. Ludwig XII. vernichtete das Geschlecht der Sforza und entführte die Bibliothek von Pavia zunächst nach Blois (c. 1500), von wo die Reste später nach Paris kamen, um hier einen Theil des Fonds latin der jetzigen Nationalbibliothek zu bilden. Diese Bücher sind kenntlich durch die Bezeichnung: De Pavye p. (présenté) au Roy Loys XII oder Louis XII l'a reçue de Pavie[49].

Zum Schluss ein Wort über Petrarca's Bibliothek. Das Schicksal derselben hat viele Gelehrte beschäftigt. Die gewöhnliche Ansicht ist, dass seine Erben die Bücher an die verschiedensten Männer verschleudert haben. Das scheint doch in diesem Umfange nicht richtig zu sein. Allerdings ist der berühmte Virgil mit Servius an den Arzt

---

49) Detlefsen S. 558. Delisle, Le cabinet des manuscrits de la bibliothèque impériale T. I, Paris 1868. Indagini etc. S. XXII.

Giovanni de Dondi übergegangen, aber wie es scheint durch Testament Petrarca's[50]; Coluccio erwarb Catullus und Propertius, aber wir wissen nicht, ob Petrarca's Handexemplare oder nur Abschriften derselben[51]. Von der »Africa« Petrarca's aber dürfen wir sicher annehmen, dass sie in Padua verblieb, denn Niccolo musste dahinreisen, um sie zu copieren[52].

Meiner Ansicht nach haben die beiden Dynastien, mit denen Petrarca im Alter in nahe Beziehungen trat, im Wesentlichen die Erbschaft seiner Bücher angetreten. Die Visconti erwarben einen Theil derselben wohl gleich bei Petrarca's Tode, denn einige Bücher ihrer Bibliothek, die nachweislich einst Petrarca gehörten, tragen eine verhältnissmässig frühe Laufnummer z. B. No. 70 *Cassiodorus variarum cum petro Abaelardi . . . ac epistolis magistri Stefani aurelian., tornatensis Episcopi . . sig. CCLI*[53]. Aber den Haupttheil erwarben damals die Carrara, in deren Bibliothek vermuthlich auch Petrarca's Virgil überging, dessen Schicksal vor seinem Wiederauftauchen zu Pavia nur bis 1388 verfolgt werden kann[54]. Theilweise wohl schon unter Giangaleazzo[55], anderntheils bei der Vernichtung der Carrara unter Filippo Maria kam die Paduanische Bibliothek mit ihren Büchern Petrarca's zu den Visconti. So vereinigte sich zu Pavia vielleicht der grösste Theil der Bücher des grossen Mannes — 17 derselben haben sich unter den Trümmern der Viscontea zu Paris erhalten, eine verhältnissmässig grosse Zahl, wenn man bedenkt, dass von der gesammten Viscontea etwa der 10. Theil übrig ist. Einzelne verzettelte Bücher Petrarca's aus der Viscontea sind in Italien wieder zum Vorschein gekommen, wie sein Virgil, jetzt in der Ambrosiana. So besteht eine schwache Hoffnung, dass vielleicht auch Petrarca's Exemplar der Briefe A irgendwo noch vorhanden ist.

---

50) Indagini, II S. 107.
51) Vgl. S. 22 f.
52) Voigt I, 197.
53) Delisle, S. 139.
54) Indagini II S. 107.
55) z. B. sig. DCCLIII (No. 180) trägt die Chiffre des Giangaleazzo, vgl. Delisle S. 130.

§ 6.
Die Recension des Niccolo Niccoli.

Niccolo de' Niccoli[56] war 1364 zu Florenz als Sohn eines Kaufmanns geboren und hatte anfänglich den Beruf des Vaters ergriffen. Aber Petrarca's und Boccaccio's Beispiel hatte auch ihn so begeistert, dass er alle andern Geschäfte niederlegte, um allein der Wissenschaft leben zu können. Aus Petrarca's Werken, dem Grundstock seiner nachmals so berühmten Bibliothek, hatte er wohl auch die erste Kunde von Cicero's Briefen erhalten. Dennoch scheint dem betriebsamen Bücherfreunde die Erwerbung von Cicero's Briefen erst nach Coluccio's 1406 erfolgten Tode geglückt zu sein[57]. Auch sonst ist mir nichts bekannt, dass irgend jemand vor Coluccio's Tode eine Copie des M 49, 18 besessen habe; die directen und indirecten Abkömmlinge dieser Handschrift, welche ich kenne, sind alle in späterer Zeit geschrieben[58]. Wir stehen hier vor der eigenthümlichen Erscheinung, dass Cicero's Briefe an Atticus nach ihrer 1345 erfolgten Wiederauffindung erst länger als sechzig Jahre in den Büchereien zweier Männer ein Einsiedlerdasein führen, ehe sie für das wissenschaftliche Leben weiterer Kreise wirksam werden.

Den Wendepunkt in der Geschichte der Verbreitung von Cicero's Briefen bezeichnet Coluccio's Tod und der Verkauf seiner Bücher. Drei damals durch Freundschaft eng verbundene Männer wirken seitdem mit vereinten Kräften für die Emendation und Verbreitung der tullianischen Korrespondenzen: Niccolo, Bruni, Poggio. Von diesem Freundeskreise war bei Coluccio's Tode allein Niccolo in Florenz anwesend: er kaufte den M 49, 18 und wohl auch den entsprechenden Codex der Briefe F., den M 49, 7 aus Coluccio's Nachlass und bewahrte somit diese Handschriften vor dem Schicksale der meisten Bücher Petrarca's. — Wir haben nun zu untersuchen, ob Niccolo

---

56) Voigt I, 298 f. und das kurze Characterbild von O. E. Schmidt, Zeitschrift f. Allg. Gesch. 1886 Heft VI S. 101 f.

57) Ueber die Gründe der Zurückhaltung Coluccio's vgl. O. E. Schmidt Rhein. Mus. 1885 S. 615.

58) Das Datum eines bei Orelli S. I. citirten Comburgensis 1103 erwies sich bei der Untersuchung der Handschrift als plumpe Fälschung aus 1193.

in der Lage war, den Text des M 49, 18 durch handschriftliche Funde zu ergänzen oder zu verbessern. Dass Niccolo von den oben besprochenen Handschriften zu Pavia Kunde erhielt, scheint mir fast sicher. Denn Lionardo Bruni (ep. ed. Mehus X, 19, S. 190) schreibt c. 1406 an Niccolo: *De Bibliotheca Papiensi per Luscum nostrum, id quod desideras, haberi non potest. Licet enim homo sit eruditus, tamen illorum librorum eruditionem non habet. Quare ab aliis quaeramus, qui vel ipsi sciant vel ibi praesentes instrui possint.*

Offenbar handelt es sich in dieser Stelle um alte, schwer lesbare Handschriften, deren Entzifferung man dem Antonio Luschi nicht zutraute; Genaueres erfahren wir aus einem Briefe Bruni's vom Jahre 1407 aus Siena XXI Kal. Jan. »*Fides sacerdos Ciceronis epistolas fidei suae traditas fideliter ad me detulit . . . de bibliotheca Papiensi curavi equidem diligenter ut, quantum librorum ibi sit et quid, certior fiam, atque Nonius Marcellus, quem Colucius habere nunquam potuit, meo nomine transcribatur . idem curavi de Ciceronis epistolis, si forte has mendas corrigere possemus. haec ego stipulatus sum michi fieri a viro doctissimo michique amicissimo episcopo Novariensi et poenam apposui.*« Freilich handelt es sich hier zunächst um ein Exemplar der Briefe F, welches der Bischof von Novara [59] abschreiben soll, aber bei dieser Gelegenheit hat offenbar Bruni, und durch ihn Niccolo, auch von den Handschriften der anderen Gruppe Ciceronianischer Briefe gehört.

Im Jahre 1409 (?) am 1. November traf Bruni zu Pistoia mit Bartolommeo Capra, Bischof von Cremona, zusammen und berichtete darüber an Niccolo (Bruni ep. ed. Mehus III, 13) *Bartholomaeus Cremonensis michi hodie affirmavit, se Ciceronis epistolas ex vetustissima*

---

[59] Diese Heranziehung des Bischofs von Novara hat vielleicht ein nicht unbedenkliches Nachspiel gehabt. Es ist einigermassen auffällig, dass in dem Katalog der Visconteа von 1426 keine einzige Handschrift der F erwähnt ist, obwohl die Visconti doch den Vercellensis (M 49, 9) einst besassen. Wenn wir dazu das Schreiben des Herzogs Franz Sforza an den Juden Manno lesen Indagini etc. S. 113, XXIII: *Manno ebreo, Siamo informati chel quondam Reverendo domino lo Vescovo de Novara, precessore del presente Vescovo o altri per luy te dede impigno uno libro . . qual dicto quondam Vescovo hebe altre volte fora de la nostra libreria di Pavia, insieme con parichii altri libri . . . Mediolani 16 Martii 1458*, so müssen wir fast vermuthen, dass der würdige Kirchenfürst auch die Handschrift, welche er für Bruni copiren sollte, beim Hebräer versetzt hat.

litera reperisse . . . michi ostenditur volumen antiquissimum sane ac venerandum. Sed dum avide evolvo ac singula scrutor, invenio epistolas ad Brutum et ad Quintum Fratrem, eas videlicet ipsas, quas habemus, et septem dumtaxat ad Atticum libros. Fuit id minus quam optarem; sed tamen opinor aliquantulum inerit lucri ad nostras emendandas. Illud satis constat, quas antea habuimus, ex eo volumine non fuisse transcriptas, cum ibi non plures quam septem ad Atticum libri, nos vero, ut opinor, quatuordecim habeamus. Dann fährt Bruni fort: *Nonium Marcellum dicit se in dies exspectare.* Dass ein alter Nonius auch in der Bibliothek zu Pavia war, sahen wir oben S. 59; sollte vielleicht auch Capra's Codex der Briefe A der Visconlea entstammen? Soviel ist jedenfalls klar, dass in dem Codex Capra's ein verhältnissmässig alter Vertreter der Ueberlieferung der Briefe A vorlag, welcher wiederum nur die eine Hälfte der Atticusbriefe aufwies. —

Endlich hat Detlefsen ausfindig gemacht, dass in der Bibliothek des Johannes Arretinus ein *epistolarum Ciceronis ad Atticum liber reterrimus* sich befand, welches Buch ein gewisser Candidus — Pier Candido Decembrio nach Detlefsen und Voigt — in einem an Niccolo gerichteten Briefe erwähnt[69]. Voigt sieht in diesem Buche den noch einmal auftauchenden Veronensis, indes fehlt uns doch jeder Anhalt zu dieser Vermuthung. — Ob Niccolo eine oder mehrere der besprochenen Handschriften zur Emendation und Ergänzung von M herangezogen, kann nur eine Musterung seiner Correcturen zeigen. Die Correcturen, welche ich dem Niccolo zuschreibe, zerfallen in zwei Arten, solche mit dem Vorzeichen *l (vel)* und solche ohne dieses Vorzeichen. Ueber die Correcturen *l* waren wir bisher wenig oder gar nicht unterrichtet. In Bailers adnotatio critica ist etwa der

---

69) Detlefsen hat den Brief S. 665 f. abgedruckt und vermuthet, er sei c. 1415 geschrieben. Aber Pier Candido Decembrio war ja erst 1399 geboren; ich halte es für unmöglich, dass der 16jährige Jüngling den 51jährigen Niccolo mit *frater optime* angeredet habe. Andrerseits wird am Schlusse des Briefes auf die Hochzeit des Lionardo Bruni, welche 1412 stattfand, angespielt. Demnach kann der Brief nicht lange nach 1412 geschrieben sein. Ich vermuthe daher, dass der Brief von Pier Candido Decembrio's Vater, dem Uberto Decembrio, herrührt, welcher 1402 Schüler des Chrysoloras, später Secretär des Herzogs Gianmaria Visconti war. Wahrscheinlich führte auch Uberto den Namen Candido, daher entstand die Verwechslung mit seinem berühmteren Sohne. Was wir von der Schreibweise des Uberto wissen, (Voigt I, 505) passt sehr gut zu dem geschraubten und schwerfälligen Latein unseres Briefes.

zehnte Theil derselben angemerkt — z. B. A VII, 3 von 9 Beispielen ein einziges —; Hofmann schätzt zwar ihre Zahl auf 37 (S. 18), versäumt es aber Beispiele anzuführen, obwohl er dieselben aus einer alten Handschrift stammen lässt. Wie weit sich die Zahl 37 von der Wahrheit entfernt, geht daraus hervor, dass ich, obwohl nur ein kleiner Theil des M 49, 18 in Bezug auf *l* von mir untersucht worden ist, doch 53 Beispiele anzuführen im Stande bin:

ad Br. I, 1, 2 *marolt* m. 1, am Rande *l mavolunt* m. 3, durchstrichen.

    3, 2 *aliquis* m. 1, zwischen *est* und *fructus* übergeschrieben, am Rande *l aliqui* m. 3.

    4, 4 *ascendisse* m. 1, am Rande *l excendisse* m. 3.

    4, 5 *facilitatem* m. 1, am Rande *uel felicitatem* m. 3.

    5, 1 *persequere* m. 1, am Rande *uel persequi* m. 3, durchstrichen. — *tibi videretur* m. 1, am Rande *uel sibi*, durchstrichen.

    5, 3 *non petentis* m. 1, radirt und corrigirt in *praesentis* m. 2, am Rande *l potentis* m. 3.

    6, 4 *insiliantur* m. 1, am Rande *l instituant* m. 3.

    10, 3 *fontes* m. 1, am Rande *l fores* oder *fauces* m. 3, wegradirt.

    10, 5 *quod dii* m. 1, am Rande *l di* m. 3.

    15, 7 *de c͞oi quidem* m. 1, drüber *decimi* m. 2, am Rande *l decumi* m. 3.

    15, 8 *uos cuius* m. 1, drüber *ut cuiuis* m. 3.

    15, 11 *themistotri* m. 1, corrigirt in *themistoclis* m. 2, am Rande *l themistocli* m. 3.

    potest de se m. 1, corrigirt in *me* m. 2, drüber *l se* m. 3.

    16, 5 *an hoc* m. 1, statt *an* am Rande *l iam* m. 3.

    17, 4 *exploratius* m. 1, drüber *l explorantius* m. 3, durchstrichen. — *iactatur* m. 1, corrigirt in *iactamus* m. 2, am Rande *uel iactatur* m. 3.

ad Q I, 1, 2 *expedito* m. 1, drüber *expeto* m. 2, am Rande *l expedito* [Lesart der m. 2 ist von später Hand in *expecto* corrigirt].

    2, 3 *debeo* m. 1, drüber *l debet* m. 3.

    2, 4 *hominem* m. 1, am Rande *l hominum* m. 3.

      2, 5 *tensim* m. 1, am Rande / *zensim* m. 3.
      3, 2 *dolor* m. 1, *dolorum* m. 2, drüber / *dolor* m. 3.
    11, 1 *ego* m. 1, drüber / *enim* m. 3.
II, 4, 6 *milonis incommodo* m. 1, am Rande *uel incommode* m. 3.
        condenarunt m. 1, am Rande *condempnarunt* m. 3.
III, 6, 6 *adimat* m. 1, am Rande / *adnat* m. 3, durchstrichen, drüber *adiurat* m. 4.
      9, 2 *ut preterea tu ut possis est tuorum nervorum* m. 1, am Rande / *ut potero tu et ut possis ē tuorum nervorum* m. 3.
ad Oct. 3 *exhauriebat* m. 1, am Rande / *exhauribat* m. 3.
      5 am Rande *at ingratus* m. 2, wegradirt, drüber / *ingratus* m. 3 (vgl. S. 29).
        reverteris m. 1, am Rande *revertimus* m. 3.
A I, 1, 4 *animum* m. 1, am Rande / *uniciis* m. 3, drüber *adversus ne* m. 4; vgl. S. 90.
      5, 6 *usucepisse* m. 1, am Rande / *usu capi posse*
   16,15 *rhlylius* m. 1, am Rande *url thlylius* m. 3.
V, 15, 3 *tarde tibi redituro* m. 1, am Rande / *redditu ire*
VII, 1, 2 *confer ad* m. 1, übergeschrieben *te*, am Rande / *conferam* m. 3.
      2, 6 im Text übergeschrieben / *idem*
        am Rande / *detur* m. 3 statt *dedecus* der Vulgata.
      2, 8 am Rande / *litterum* m. 3 statt der Vulgata *litterularum*
      3, 2 *ac non* m. 1, drüber / *agi* m. 3.
      3, 3 *prodire* m. 1, drüber / *prodesse* m. 3.
        pro me iis m. 1, drüber / *meis* ψ. 3.
      3, 4 *qui mallem* m. 1, drüber / *quo* m. 3.
      3, 9 *actionem* m. 1, am Rande / *rationem* m. 3, durchstrichen, *auctionem* m. 4.
      3,10 *cui quod* m. 1, drüber / *quam* m. 3.
        nicius cons norn m. 1, über dem letzten Worte / *noenu* m. 3.
        de reo m. 1, drüber / *re* m. 3.
      7, 5 am Rande / *bonorum* m. 3 statt der Vulgata *bonum*
        quid id m. 1, drüber / *quod* m. 3.

9, 2 *imperatum* m. 1, am Rande *l impetratum* m. 3.
9, 4 *legit* m. 1, am Rande *l legitimum* m. 3.
habet nostram m. 1, drüber *l habe* m. 3.
X, 10, 5 *vellunt ridiculos maius noverat* m. 1, am Rande *si navis non erit* m. 2, über *vellunt* von m. 3 *l uelo*
XII, 52, 3 *est* m. 1, drüber *l es* m. 3.

In 35 Fällen von diesen 53 Beispielen findet sich die Lesart *l* am Rande, 18 mal über dem Texte. Alle diese Correcturen sind in dem Ductus der Niccolo-Poggio'schen Periode geschrieben, die Schriftzüge stimmen auch mit dem Facsimile von Niccolo's Hand (vgl. Tafel 4) überein, doch will ich nicht verschweigen, dass die Identificirung zweier Schriftcharactere gerade von dieser Schriftart schwierig ist, weil die individuellen Kennzeichen zurücktreten; man würde daher die Schrift der Correcturen *l* auch einem andern Humanisten zuweisen können, der die littera antiqua nachahmte, wenn nicht eben Niccolo als zweite. esitzer des M 49, 18 vor allem in Betracht käme. Von Bruni können diese Correcturen unmöglich herrühren, weil er in der »littera notarina« schreibt, dass sie aber auch nicht späteren Ursprungs sind, geht daraus hervor, dass Bruni in zwei Fällen ad Q. III, 6, 6 und A VII, 3, 9 die Lesart *l* durchstrichen und durch eine andere ersetzt hat. —

Die Lesarten *l* sind keinesfalls Conjecturen Niccolo's. Denn wenn das Conjiciren schon der ganzen vorsichtigen und ängstlichen Art des Niccolo nicht entspricht, so sind die Lesarten *l* selbst noch viel weniger dazu angethan, diesen Verdacht zu erwecken. In vielen Fällen geben sie gar keinen Sinn wie z. B. ad Brut. I, 6, 4; 15, 8; 17, 1; ad Q. I, 1, 2; III, 6, 6; A I, 1, 4; X, 10, 5 etc., in anderen stellen sie die Lesart der m. 1 wieder her z. B. ad Brut. I, 5, 3; 15, 11; 17, 1; ad Q. I, 1, 2; 3, 2; endlich werden sie theilweise auch durch die Lesarten solcher Handschriften, die von M unabhängig sind, als handschriftlich erwiesen z. B. ad Brut. I, 4, 5 *uel felicitatem* M^3 *felicitatem* C W D 5, 1 *uel persequi* M^3 *perseque* W.

5, 3 *l potentis* M^3 *petentis* W D 6, 4 *l instituant* M^3 *infitiant* W.
10, 5 *l di* M^3 *eli* W 16, 5 *l iam* M^3 *iam* W 17, 1 *uel iactatur* M^3 *iactatur* W D ad Q. I, 3, 2 *l dolor* M^3 *dolor* W.
A V, 15, 4 *l redditu ire* M^3 *redditu iri* Z (Lambin).
A X, 10, 5 *l uelo* M^3 für *vellunt* M^1, sodass nach M^4 die Stelle lautet

uelo ridiculos maius, Z uel lutridiculo. Richtig ist uel lintriculo, si nauis non erit. Hier kommt l M³ der Wahrheit am nächsten. Zu beachten ist A VII. 9, 4 die Lesart l legitimum M³ statt legit M¹ legis C. Vielleicht ist nach l zu lesen praeteriit tempus non legis tuum, sed libidinis tuae etc. Die andern Correcturen Niccolo's haben kein Vorzeichen, doch wird in der Regel durch das Zeichen ˙ oder ‾ die Textstelle bezeichnet, auf welche sich die Correctur am Rande der Handschrift bezieht. Als Beispiele notire ich:

ad Brut. I, 1, 1 iudicia m. 1, verbessert in iudicia von m. 2, m. 3 pungirt n aus und setzt drüber u, was später wieder wegradirt wurde.

4, 2 arrogantiam m. 1, adrogantiam m. 3.
4, 3 presertim m. 1, praesertim m. 3.
4, 5 quelibet m. 1, quaelibet m. 3.
    cepero m. 1, coepero m. 3.
    contentum m. 1, am Rande ˙˙˙contemptum m. 3.
5, 1 hisdem m. 1, drüber iisdem m. 3.
5, 2 penas m. 1, poenas m. 3.
5, 3 couptari m. 1, cooptari m. 3.
    capadocia m. 1, cappadocia m. 3.
8, 2 valeat m. 1, valuit m. 3.
9, 1 fungre (?) m. 1, fungerer m. 2, am Rande funereo m. 3.
10, 1 Bruto m. 1, Bruti m. 2.
11, 2 imperator m. 1, durchstrichen, drüber ip̄e ╴══ in praesente] m. 3 (?).
    esse debet rei m. 1, debet durchstrichen von m. 2, am Rande ‾debet m. 3.
14, 1 laboravi m. 1, elaboravi m. 3.
15, 2 quos (?) ad m. 1, q̃ ad m. 2, q̃ gestrichen und drüber quod m. 3.
15,10 sumus habituri m. 1, drüber simus m. 3.
16, 1 atico m. 1, attico m. 3 (?).
16, 3 aut nulla alia re m. 1, haud ulla alia re m. 2, haud auspungirt und aut wiederhergestellt von m. 3, später die Lesart von m. 2 wieder eingesetzt.

16, 7 *pulcerrime* m. 1, *pulcherrime* m. 3.
  ferit oder *fecit* m. 1, am Rande *fecit* m. 3.
16, 9 *negligere* m. 1, *neglegere* m. 3.
16,10 *resistere Antonio Ciceronem* m. 1, vor *Ciceronem* schiebt m. 3 *merito* ein.
  admiratur m. 1, *ad* radirt und auspungirt von m. 2, wiederhergestellt von m. 3.
17, 2 *tacite* m. 1, drüber *Athice* m. 2, am Rande *atticae* m. 3.
  calitudinem m. 1, *valetudinem* m. 3.
18, 3 *adoloscentulo* m. 1, *aduloscentulo* m. 3.
18, 4 *gerendis* m. 1 *gerandis* m. 3.

ad Oct. 2 *postulabit* m. 1, *postulauit* m. 3.
  bonae [das e spätere Corrector] m. 1, am Rande *boiae* m. 3.
  sensus m. 1, drüber *sensus* m. 3.
3 *donabat ex* m. 1, vor *ex* ⋏, am Rande *ciuitates* m. 3.
  dictatorem legibus m. 1, vor *legibus* ⋏, am Rande *creari* m. 3.
5 *addat* m. 1, *addet* m. 3.
  crudeliter certe ut m. 1, vor *ut* eingeschoben *aut* und *crudeliter certe* gestrichen m. 2, am Rande *crudeliter* m. 3.
  adducis m. 1, am Rande ·*abducis* m. 3.
6 *edixi* m. 1, am Rande *esse dixi* m. 3.
7 *capienda* m. 1, am Rande ÷*rapienda* m. 3.

ad Q. 1. 1, 3 *et de excellentem* m. 1, *et de* auspungirt, dafür *ad* m. 3.
  leticiam nobis imo m. 1, am Rande *gloria* m. 3, dazu das Zeichen ⋏ vor *imo*[59]. Wahrscheinlich ist hier statt *imo* zu lesen *gloriam*, also: *laetitiam nobis, gloriam vero etiam posteris nostris adferet*.
2, 5 *smirsos* m. 1, am Rande *nigsos* m. 3, durchstrichen und dafür *smirneos* m. 4.
  teuxim m. 1, drüber *zeuxim* m. 3.
  eligere m. 1, *elicere* m. 3.

---
59) Diese und die vorhergehende Stelle verdanke ich Herrn Dr. J. Ilberg.

2, 6 *ecce* [undeutlich] m. 1, drüber *ecce* m. 3.
3, 5 *dispicio* m. 1, *despicio* m. 3.
II, 8, 1 *valitudinem* m. 1, *valetudinem* m. 3.
8, 2 *inconditatis* m. 1, drüber *iocunditatis* m. 2, am Rande *iucunditatis* m. 3.
molestie m. 1, am Rande *modestiae* m. 3.
numquam cum m. 1, drüber *enim* m. 3.
A I, 1, 1 *Galba, fallaciis* m. 1, am Rande *sine fuco ac*, hinter *Galba* einzuschieben, m. 3.
reginum m. 1, am Rande *regnum* m. 3.
1, 2 *curum* m. 1, am Rande *turium* m. 3.
me ne minims (?) m. 1, *me nemini* m. 2, am Rande *nemini me* m. 3.
1, 3 *malo accepisse* m. 1, hinter *malo* das Einschiebungszeichen ⋀ und dazu am Rande *mancipio* m. 3.
veniret m. 1, am Rande *ventitet* m. 3.
1, 4 *uinci* m. 1, am Rande *Nunc* m. 3.
ei uis m. 1, am Rande *eiius* m. 4.
2, 1 *detractionibus* m. 1, am Rande *ad te rationibus* m. 3.
3, 1 *fauseium* m. 1, am Rande *saufeium* m. 3.
4, 1 *talem* m. 1, drüber *utile* m. 3.
tuc (?) m. 1, *tunc* m. 2, am Rande *Nunc* m. 3.
4, 3 *que michi antea signa misisti nondum. In* m. 1, vor *nondum* eingeschoben *ea* und dahinter *uidi* m. 3.
5, 1 *ornatissimum* . . (?) m. 1, *ornatissimum* ǥ auf einer Rasurstelle m. 2, ǥ gestrichen und am Rande dafür *tuique* m. 3.
5, 2 *placaremus* m. 1, *placarem ut* m. 3.
5, 4 *acutiliano* m. 1, m. 2 corrigirt und radirt *attiliano*, am Rande *acutiliano* m. 3.
5, 5 *animus interesset ora me recolligi* m. 1, m. 2 hat vielleicht bei *interesset* das *r* auspungirt [denn II copirt *mite esset*] m. 3 trennt *in te esset*, schiebt am Zeilenende *offensior* an und setzt *a* statt *ora*, sodass die Stelle jetzt so aussieht: āius intereēt | *offensior*
~~ora~~ *me recolligi*
16,10 *appellas cum* m. 1, vor *cum* Einschiebungszeichen und dazu am Rande ÷*inquam* m. 3.

crediderunt m. 1, am Rande angeschoben *mihi vero inquam XXV iudices crediderunt* m. 3.

16,13 *pro una re* m. 1, am Rande *pronuntiare* m. 3 (?).

16,15 die Worte *et Archias nihil de me scripserit* sind am Rande angeschoben von m. 3.

II, 1,12 *conserventur* m. 1, *con* auspungirt und am Rande *et ad me perferantur* m. 3.

5, 2 *pareant* m. 1, am Rande *parentur* m. 3.

6, 1 *ad lĩras captandas lacertus* m. 1, *lacertus* gestrichen, am Rande wiederholt und durch Zeichen hinter *ad* eingefügt m. 3.

24, 4 *fortissimi senis que cũ si discusserat* m. 1, *senis-si* ausgestrichen, dafür am Rande *senis. Q. consi* m. 3.

III, 12, 2 *manaturam putarem* [das zweite *m* corrigirt von m. 2], am Rande *naturae imputarem* m. 3, wiedergestrichen.

puto esse m. 1, am Rande für *esse* von m. 3 (?) *ex se*, gestrichen und dafür *posse* von m. 4.

17, 1 *non unius q ad p. r. Kal. sept.* m. 1, drüber *no-num usque* m. 2, am Rande *non iuniis* [*s* wegradirt] *usque ad pr. Kl.* m. 3.

IV, 1, 1 *enim te uere. Scribam te in consiliis* m. 1, am Rande *ut uere scribam te in consiliis* m. 3.

dissidium m. 1, am Rande *discidium* m. 3.

V, 15, 3 *illa non* m. 1, m. 3 corrigirt *illane*

VIII, 12, 6 *mitto* m. 1, *misi* m. 3 (?).

Dass auch diese Correcturen vor Bruni's Besitzergreifung der Handschrift, also von Niccolo eingetragen sind, beweisen z. B. ad Q. I, 2, 5 (vgl. Tafel 3) und A III, 12, 2. Es spricht dafür aber auch noch eine andere Beobachtung. Die neuerwachten Studien beschäftigten nicht alle Anhänger derselben nach der gleichen Richtung hin. Die einen interessirte vorwiegend der Inhalt der alten Klassiker, andere suchten besonders für die eigene Eloquenz Frucht zu ziehen, andere fanden vorwiegend in grammatischen und philologischen Grübeleien ihre Befriedigung. Zu den letzteren gehörte Niccolo, obwohl er auch auf anderen Gebieten anzuregen verstand. Es ist bezeichnend, dass das einzige Werkchen, welches der vorsichtige und gegen sein eigenes Können misstrauische Mann geschrieben hat, eine Abhandlung über lateinische Orthographie gewesen ist[62]. Ganz besonders war Niccolo bemüht, nach dem Vorbild der Inschriften und Münzen die Diphthonge in der lateinischen Schriftsprache wieder zu Ehren zu bringen. Sein Zeitgenosse Guiseppe Brippi besingt ihn deshalb mit folgenden Versen:

> *Ille hos errores una exemplaribus actis*
> *Pluribus ante oculos, ne postera oberret et aetas,*
> *Corrigit, unde sibi dignas persolvere grates*
> *Omnis homo studiosus habet, renovatque priorem*
> *Et proprium morem scripti, velut efficit ipse*
> *Scribere diphthongos elementaque propria recte etc.*

und im Paradiso degli Alberti I P. II S. 327 wird als Niccolo's höchste Lust hingestellt *una bella lettera antica, la quale non stima bella e buona, se ella non è di forma antica et bene dittongata*[63]. Wie überraschend stimmen diese Urtheile zu den Correcturen, die ich nach der Handschrift dem Niccolo zugewiesen habe! Schon unter den Correcturen *t* ist eine, welche nunmehr in neuem Lichte erscheint: A VII, 3, 10 ist von m. 1 statt des üblichen *non* überliefert *noen*; Coluccio, der die Form nicht verstand, hat das *e* auspungirt, Niccolo aber erkannte hier in seiner handschriftlichen Vorlage die alterthümliche Form *noenu*, was er mit dem Vorzeichen *t* über den Text schrieb. Wir kennen in diesem Falle auch die Quelle der Weisheit Niccolo's. Er hat den von Poggio ihm 1417 übersandten Lucrez eigenhändig abgeschrieben (jetzt M 35, 30), da findet sich dieselbe Form III, 190 (vgl. Lachmann's Commentar S. 149f.).

Vor allem aber sehen wir in den zahlreichen Correcturen ohne Vorzeichen, besonders auf den ersten Blättern der Handschrift, in Formen wie *adrogantiam, praesertim, quaelibet, coepero, contemptum, poenas, neglegere, atticae, gerundis etc.* das orthographische Streben Niccolo's verkörpert.

Niccolo's Verbesserungen und Ergänzungen beruhen offenbar nicht auf Conjectur, sondern auf handschriftlicher Grundlage. Das Lob der Zuverlässigkeit und einer keuschen Behandlung der handschriftlichen Ueberlieferung hat schon Angelo Poliziano dem Niccolo

---

[62] Voigt, Wiederbelebung I, 304, II, 379.
[63] Voigt I, 304.

zuertheilt⁶⁴). Es spricht aber dafür auch, dass Niccolo in einigen Fällen den Text der m. 1 wiederhergestellt hat, z. B. ad Brut. I, 16, 3; 16, 10; A I, 5, 4 oder wenigstens der m. 1 näher steht als m. 2, z. B. A III, 17, 1. Noch häufiger wird m. 3 durch Handschriften, welche von M 49, 18 unabhängig sind, beglaubigt: z. B. ad Brut. I, 10, 1 und I, 16, 10 durch W; I, 9, 1; 11, 2 durch W D. A I, 16, 10 durch C, A IV, 1, 1 durch Z (Lambinus). A I, 1, 2; VIII, 12, 6 durch Z (Bosius), endlich am glänzendsten A V, 15, 3 durch C und Z (Bosius), wo zugleich das Citat bei Ammianus Marcellinus XVI, 5, 10 lehrt, dass m. 3, C, Z (Bosius) mit der Lesart *illane* gegen *illa* m. 1 der richtigen Lesart *plane* gleich nahe stehen.

Die Frage, welche Handschrift Niccolo zu seiner Recension benutzt habe, wird sich vielleicht nie mit Bestimmtheit lösen lassen. Für die Lesarten *l* kann man einen Abkömmling des Veronensis, etwa No. 640 der Viscontea, das Exemplar Petrarca's, als Quelle vermuthen, als Quelle für die Correcturen ohne Vorzeichen m. 3 scheinen der Veronensis und seine Abkömmlinge nicht in Betracht zu kommen. Denn bei der grossen Umsicht und Sorgfalt, mit welcher Coluccio die Verbesserung von Cicero's Briefen betrieb, kann man kaum annehmen, dass er an allen den Stellen, wo Niccolo eine handschriftliche Verbesserung oder umfänglichere Ergänzung bietet, die Lesart des Veronensis übersehen habe. Sodann aber finden sich auch einige Stellen, an denen Coluccio und auch Niccolo ohne Vorzeichen corrigirt haben, und zwar ohne dass Coluccio aus dem Veronensis die richtige Lesart zu bieten vermochte z. B. A I, 5, 1; 5, 5. Also muss die Quelle Niccolo's vom Veronensis unabhängig, vielleicht ein Bruder des Veronensis gewesen sein. Vielleicht ist der Pap. 622 für A IX—XVI Niccolo's Quelle gewesen, für A I—VIII vielleicht der Codex des Capra. Es ist auffällig, dass Niccolo, da er doch ein vom Veronensis unabhängiges Exemplar der Briefe ad Brut. ad Q. ad Oct. A I—VIII benutzte, nicht die Brutusbriefe des sogenannten lib. II gefunden hat, welche der Veronensis im Anfang durch Verstümmlung eingebüsst zu haben

---

64) Vgl. Angeli Politiani . . Miscellan. Antverpiae 1567 S. 547 . . *in codice Gelliano . ., quem vir haud indoctus (ut tum ferebant tempora) sed diligens tamen in primis Nicolaus Nicolus ex vetustissimo exemplari fideliter pro suo more descripserit* . . vgl. S. 536.

scheint. Das kann man nur durch die Annahme erklären, dass das alte Exemplar Niccolo's am Anfang vielleicht noch mehr verstümmelt war, als der Veronensis zu Petrarca's Zeit. Die erste Ergänzung des Textes durch Niccolo's Hand findet sich ad Brut. I, 16, 10. So blieb es der Ausgabe Cratander's (1528) vorbehalten, den noch fehlenden Anfang unserer Briefgruppe in die Wissenschaft einzuführen. Der Schluss der Atticusbriefe und die Ergänzungsstücke zu A I wurden zu Niccolo's Zeit und wohl auch durch sein Verdienst bekannt (vgl. S. 85 f.). Zu den nächsten Aufgaben der Forschung über die Geschichte unserer Briefe wird es gehören festzustellen, in welchen Handschriften und zu welcher Zeit die Ergänzungen Niccolo's m. 3 zuerst im Texte erscheinen. Denn in der ersten Copie, welche Poggio vom M 49, 18 im Jahre 1408 schrieb, sind Niccolo's Correcturen und Ergänzungen noch nicht verwerthet.

§ 7.
Die Recension des Lionardo Bruni.

Lionardo Bruni aus Arezzo, geboren 1370, zu Florenz unter Salutato's persönlicher Leitung herangewachsen, hatte 1396, als Chrysoloras in Florenz erschienen war, seine Rechtsstudien an den Nagel gehängt und zwei Jahre lang zu Füssen des Byzantiners mit seltenem Eifer Griechisch gelernt[65]. Deshalb besass er, als ihm der Tod seines väterlichen Freundes Cicero's Briefe zugänglich gemacht hatte (vgl. S. 58), bessere Vorkenntnisse zum Verständniss der griechischen Textstellen, als Coluccio und Niccolo. Bruni liess zunächst wohl die Briefe F, welche Niccolo aus Coluccio's Nachlass erworben, nach dessen Exemplar (M 49, 7) copiren, später vielleicht auch die Briefe A. Gleichzeitig sahen wir ihn bemüht, die handschriftlichen Schätze von Pavia für die Emendation der Briefe zugänglich zu machen (vgl. S. 59 f.). Bei Niccolo's Tode 1437 erwarb er den M 49, 18, in welchem sich die Zeugnisse seiner kritischen Thätigkeit, meist in Form von Correcturen am Rande, vorfinden. Seine Correcturen (m. 4) heben sich vermöge des genialen, leichten Ductus der littera notarina,

---

65) Voigt I S. 228 f. 309 f. Vgl. das kurze Characterbild Bruni's von O. R. Schmidt in der Zeitschrift für Allg. Geschichte etc. 1886 Heft VI S. 403 f.

in der er schreibt, ziemlich deutlich von den Schriftzügen Coluccio's und Niccolo's ab (vgl. S. 16f.).

Ich gebe zunächst eine Auswahl derselben, zu deren Beurtheilung ich in vielen Fällen die Lesart der Abschrift Poggio's vom Jahre 1408 (H) (vgl. S. 81f.) beifüge:

ad Br. I, 3, 2 *fructum* m. 2 vor *cepi*, ausradirt, *fructum* am Rande mit Einschaltungszeichen hinter *maximum* m. 4.

8, 2 {*valuit* m. 1 und m. 3, am Rande *uolt* m. 4.
      valeat m. 2 und H.

11, 2 *imperator* m. 1, durchstrichen von m. 3, am Rande wiederholt m. 4.

ad Q. I, 2, 5 am Rande *smirueos* m. 4, *smirsos* H, *noluisse* m. 4 (vgl. Tafel 3).

3, 3 *miseriam* m. 1, am Rande *miser iam* m. 4, *miser|iam* H.

II, 8, 1 über μοισοπατακτος m. 2ᵇ (S. 79) am Rande ist die Interlinearversion *musarum pulsator* durchstrichen und dafür gesetzt *a musis correptus* m. 4.

12, 1 *arimino datam purisq̃* m. 1, über der letzten Silbe *quam* m. 4, *pluris quam* H.

14, 2 πραγματικως am Rande m. 2ᵇ, drüber *turbate*, durchstrichen und dafür *perite* m. 4.

III, 2, 1 τ ιη *neronem* m. 1, *al Titum* m. 2, am Rande *liberium* m. 4. *T. neronem* H.

4, 4 *sed habet etiam* ενθουσιασμός m. 1, *habet* gestrichen, dafür am Rande *abest* m. 4.
sed habes etiam ενθουσιασμος, drüber *a divino spiritu inflatio* H.

III, 5 und 6, 1 *ea uisum mirifica esse* m. 1, am Rande *ea uisum iri ficta esse* m. 4.

6 *adimat* m. 1, am Rande *l adnat* m. 3, durchstrichen, dafür *adiurat* m. 4, H.

A I, 1, 4 *animā* m. 1, am Rande *āduersus ne* m. 4, *anima* H.

1, 4 *euu λna Θma* m. 1, drüber *hermatkena* m. 4, *eliuanasina* H.

11, 3 *mire quam* m. 1 H, am Rande *mirum est* m. 4.

12, 3 *seprule* m. 1, corrigirt in *seruilie* m. 4, am Rande

Seprula m. 2 gestrichen und dafür *Seruilie* m. 4.
seruulae II.

13, 1 *uictum eis* m. 1 II, *uictimis* m. 4 über dem Texte und
am Rande.

14, 3 *tuaristarchises* m. 1, *tu aristarchus es* m. 2, am Rande
tu Ἀρίσταρχος es, drüber *princeps in aristocratia orationum*, durchstrichen, dafür *aristarchus* m. 4. *tu aristarchis
es* II, am Rande ἀρίσταρχος und drüber *princes in aristocratia ororu* [*oratorum?*]

14, 5 *commulticium* m. 1 II, das am Rande wiederholte *commulticium* durchstrichen und dafür *conuitium* m. 4.

16, 2 *iugula iritamen* m. 1 *ingulatum iri tamen* im Text und am
Rande m. 4. *iugulū iritamen* II¹, *ingulatum iri tamen* II².

16, 3 *homines quis summos* m. 1 II¹, am Rande *nequissumos*
m. 4 II².

17, 1 *concuperem* m. 1 II, *con* auspungirt, dafür am Rande *cum*
m. 4.

20, 3 am Rande σπάρται m. 2ᵇ, drüber *filum regulum* durchstrichen, dafür *urbem* m. 4.

II, 1, 2 *se nostrum* m. 1 II, am Rande *postquam* mit Einschaltungszeichen hinter *se* m. 4.

18, 4 *haberes* m. 1 II¹, am Rande *areres* m. 4 II².

III, 6 *pertinuit* m. 1 II, am Rande *pertinuisset* m. 4.

8, 2 *phetolibeum* m. 1 II, am Rande *pheton libertus* m. 4 mit
dem Einschaltungszeichen vor *cum*.

9, 1 *lectures* m. 1 *al letiores* m. 2, *lictores* corrigirt im Text
m. 4. *letiores* II.

12, 2 *puto esse* m. 1 II, am Rande *ex se* m. 3, durchgestrichen,
dafür *posse* m. 4.

15, 2 *scribo* m. 1, drüber *al scripsi* m. 2, gestrichen, am Rande
scripsi m. 4, II.

15, 4 *potuisti aut uictores hodie uiueremus* m. 1, am Rande
aut occubuissem honeste [hinter *potuisti* einzuschieben] m. 4
potuisti aut uictores hodie uiueremus II.

20 Ueberschrift *Cicero athico salutem. Q. caecilio q. fratri
pomponiano atico* m. 1, *pomponio* corrigirte m. 2, *fratri* gestrichen, dafür *filio* und *pomponiano* wiederhergestellt m. 4.

Cicero attico salutem. Q. caecilio q. fratri pomponio attico II.
IV, 1, 7 *aera in preclaram* m. 1, am Rande *aream* m. 4.
aream praeclaram II.
3, 2 *sic edem* m. 1, *si cedem* m. 2 II, am Rande *nisi cedem*
m. 4.
5, 1 *que quate* m. 1, drüber *quam a te* m. 4, *quae quante* II.
V, 20, 3 *apud ipsum* m. 1, am Rande *ipsum* m. 4.
VII, 1, 7 *non decrevit quam* m. 1, am Rande mit dem Einschaltungszeichen vor *quam* $\bar{x}$ *plus decrevit* m. 4, *non decrevit
quasi* II.
3, 8 *in iisque* m. 1 II, *meisque* m. 4.
3, 9 *actionem* m. 1 II, *anctionem* m. 4.
VIII 12 B, 2 *locum quot acte* m. 1, *coacte* m. 2 II, am Rande *locum
queat ac* m. 4.
15, 3 *mederi* m. 1 II, *me derideri* m. 4.
IX, 11, 2 *respondisse quin* m. 1 corrigirt in *respondit quin* m. 2,
am Rande mit Einschiebungszeichen vor *quin* ⸌*se non
dubitare* m. 4 *respondit se quin* II.
X, 8, A 1 *ignosce* *magno esse* m. 1, *magni* corrigirt m. 2, am Rande
in animo esse m. 4, *magni esse* II.
XIV, 17, 5 *nondum volui* m. 1, vor *volui* eingeschoben *ut* m. 4 II.
17 A, 2 hinter *Nestorem* eingeschoben *habere* m. 4 II.
17 A, 4 *uti ne* m. 1, corrigirt in *ut me* m. 4, *uti me* II.
trans quam m. 1, corrigirt in *transtulerim quam* m. 4 II.
17 A, 7 *quam animi* m. 1, drüber *e² quadam* m. 2, gestrichen.
quam auspungirt. dafür *cum* m. 4, *quadam cum animi* II.
18, 2 *suspendiatus est* m. 1, drüber *suppeditatus es* m. 4
suspendiatus II¹ *suppeditatus es* II² (?).
19, 2 *Clolio* m. 1, corrigirt in *Clodio* m. 4 II.
dementiam m. 1, *clementiam* m. 4 II.
XV, 1, 1 am Rande mit Einschaltungszeichen hinter *temperantem*
⸌*summum medicum* m. 4, *temperantem summum medicum* II.
14, 3 *tua tectam* m. 1 II, *a tectam* getilgt, drüber *tum* [*tutum?*]
m. 2, am Rande *tuo tutam* m. 4.
XVI, 7, 6 *situm de* m. 1, *si tum te* m. 2 (?), am Rande *sit unde*
m. 4 II.

Bei der Beurtheilung der Frage, ob Bruni seinen Correcturen eine alte Handschrift zu Grunde gelegt habe, muss das ganze Wesen des Mannes mit in die Wagschale fallen. Sein stolzes Selbstvertrauen steht in schroffem Gegensatz zu Niccolo's selbstloser Zurückhaltung. Bruni kannte kein pietätvolles Festhalten um Buchstaben; wie er in seinen Uebersetzungen die alten Griechen nach seinem Wissen und Können meisterte, so war er wohl auch bei der Emendation von Cicero's Briefen geneigt, dem eignen Ingenium zu vertrauen. Allerdings hat er in einigen wenigen Stellen die Lesart der m. 1 wieder zu Ehren gebracht z. B. ad Brut. I, 11, 2, hie und da hat er auch seiner griechischen Bildung entsprechend die lateinische Uebersetzung der griechischen Stellen am Rande zu verbessern gesucht z. B. ad Q. II, 8, 1; 14, 2. A I 14, 3; 20, 3; besonders häufig aber treffen wir ihn auf dem Pfade der Conjectur. Selbst da, wo Bruni grössere Textergänzungen zu bieten scheint, müssen wir Interpolationen seiner eignen oder fremder Erfindung vermuthen, da diese Ergänzungen sich immer in solchen Fällen finden, wo der Wortlaut der Ueberlieferung zur Interpolation aufforderte z. B. A III, 15, 7; VII, 1, 7; IX, 11, 2; XV, 1, 1. In einem Falle sind wir glücklicherweise in der Lage, Bruni zu controlliren: A XIV, 17, A, 4 hat m. 1 *trans quam*; offenbar sind hier von *trans* einige Silben weggefallen; denn der Sinn der Stelle: *libentius omnia meas, si modo sunt aliquae meae, laudes ad te trans . . . , quam aliquam partem exhauserim ex tuis*: erfordert ein Verbum nach Analogie von *exhauserim*. Bruni schrieb das naheliegende *transtulerim*. Derselbe Brief wird aber auch unter den Briefen F mit überliefert und liegt uns also in M 49, 9 in einer Ueberlieferung des IX. Jahrhunderts vor; da heisst es *transfuderim*. Wenn man nun hinzurechnet, dass der Tornaesianus nach Lambin's Zeugniss *transferam* bot, so schwindet jede Wahrscheinlichkeit, dass Bruni sein *transtulerim* einer alten Handschrift entlehnt habe. Die kleineren Correcturen Bruni's tragen den Stempel der Conjectur noch viel augenscheinlicher als die grösseren Ergänzungen, wir kommen also zu dem Resultat, dass Bruni keine alte Handschrift benutzt, sondern Conjecturen in den M 49, 18 aufgenommen hat. Diese Erkenntniss ist für die Textgestaltung der Briefe sehr wichtig. Denn allein unter den von mir aufgeführten Proben der Lesarten Bruni's finden sich 31 Beispiele, in welchen die Correctur Bruni's, als ob sie handschriftlich beglaubigt wäre, sich im Texte unserer Ausgaben findet.

Das ist die Folge davon, dass sowohl in den Collationen del Furia's, auf welchen Baiter's Ausgabe beruht, als auch in Mommsen's Collationen, soweit dieselben durch Fr. Hofmann bekannt geworden sind, die Correcturen Bruni's (m. 4) meist als m. 2 (Coluccio) ausgegeben worden sind. Nun ist allerdings nicht zu leugnen, dass Bruni oft recht glücklich conjicirt hat z. B. ad Q. I, 3, 3; III, 4, 4; III 5 und 6, 1; A I, 13, 1; 16, 2; 16, 3; III, 8, 2; IV, 5, 1; VII, 1, 7; VIII, 15, 3; IX, 11, 2 etc., besonders auch da, wo ihm seine geschichtlichen Studien zu Hilfe kamen z. B. ad Q. III, 2, 1; A III, 8, 2; 9, 1; 20 etc., aber seine Lesarten bleiben darum doch nur Conjecturen und sind also, falls sie im Texte beibehalten werden, mit besonderen Lettern zu drucken. Andrerseits fehlt es auch nicht an Stellen, wo man sehr zweifelhaft sein muss, ob Bruni das Richtige getroffen, wo also seine Lesart jedenfalls aus dem Texte zu streichen ist. Ich führe einige Beispiele an:

ad Q. III, 6, 6 ist *adiurat* m. 4 ein unhaltbarer Vorschlag; wir müssen uns also mit *adimat* m. 1 im Texte begnügen, bis die Schwierigkeit der ganzen Stelle gelöst ist; übrigens könnte man in Berücksichtigung von *l adnat* m. 3 auch an *adnuit* denken.

A I, 14, 5 steht nach Bruni's Correctur in den Ausgaben: *hic tibi rostra Cato aduolat, conuitium Pisoni consuli mirificum facit, si id est conuitium, uox plena grauitatis, plena auctoritatis, plena denique salutis.* Es ist aber statt *conuitium* m. 4 von m. 1 das erste Mal *commulticium*, das zweite Mal *commultium* überliefert; dazu kommt, dass auch Z nach Lambin's Zeugniss las *commulcium pisoni*. Bruni hat hier die Ueberlieferung geändert, weil er ein Wort *commulticium* oder *commulcium* nicht kannte, wohl aber die gebräuchliche Verbindung *conuitium facere alicui*. Kann aber *commulticium* (vgl. *multicius* vielgeschlagen) oder *commulcium* (vgl. *commulco*) nicht ein uns unbekanntes Wort der Vulgärsprache sein, welches von Cicero hier in absichtlicher Derbheit statt des üblichen *conuitium* angewendet ist, um die »Verwalkung« oder »Verprügelung« des Piso durch Cato recht drastisch zu malen?

A XIV 18, 2. *De Patulciano nomine quod mihi suppeditatus es* [ältere Ausgaben; *suppetiatus es* conj. Montegnani, Orelli etc.], *suppe-*

ditatus es m. 4, m. 1 *suspendiatus est*. Die Lesart Bruni̯s setzt ein sonst nicht bezeugtes Deponens *suppeditari* voraus, durch die andere Conjectur *suppetiatus es* wird ein sehr seltenes, sonst instransitiv gebrauchtes Verbum als transitiv eingesetzt. Der technische Ausdruck für »Verbindlichkeit übernehmen« bei einem Geldgeschäft ist *stipulari* (vgl. Cic. pro Roscio com. 14). Für *suspendiatus est* m. 1 hier einzusetzen *stipulatus es* stösst auf keine Schwierigkeit.

A XV 1, 1 *quid est quod non pertimescendum sit, cum hominem temperantem, summum medicum tantus improviso morbus oppresserit?* Der Zusatz *summum medicum* steht in M nur am Rande von m. 4; er findet sich aber auch in H. Wem gehört hier die Priorität? Offenbar Poggio, da H bereits 1408 geschrieben ist (vgl. S. 81 f.), als Bruni noch gar kein Exemplar der Briefe A besass. Wir haben es also hier mit einem Glossem Poggio's zu thun und machen die interessante Entdeckung, dass ein Theil der Lesarten m. 4 nicht aus Bruni's Erfindung stammt, sondern aus Poggio's Recension herübergenommen ist (vgl. S. 91).

Dieselbe auffällige Uebereinstimmung zwischen H und m. 4 liegt z. B. auch A XIV 17, 5; 17 A 2, 4; XVI 7, 6 vor; sie findet sich besonders häufig in den letzten Büchern A. Dass Bruni nach der Erwerbung des M 49, 18 Conjecturen Poggio's als Randbemerkungen eingezeichnet, hat gar nichts Wunderbares, da Bruni in Florenz lebte und der Codex H damals in der Bibliothek des Cosimo Medici verwahrt wurde. Eine Entlehnung der Conjecturen Bruni's durch Poggio ist nicht nachweisbar. —

§ 8.
Die Recension des Donato Acciaiuoli.

Nach Bruni's Tode († 1444) kaufte Donato Acciaiuoli das ehemalige Handexemplar Coluccio's von Bruni's Sohne Donatus (vgl. S. 4). Donato Acciaiuoli entstammte einem der reichsten und vornehmsten Geschlechter von Florenz und hatte den Sinn für gelehrte Bildung von den Vätern ererbt. Vespasiano rühmt besonders seine trefflichen Kenntnisse des Griechischen, die sich in mehreren eleganten Uebersetzungen von Lebensbeschreibungen des Plutarch documentirten. Francesco da Castiglione und noch mehr der Grieche Johannes Argyropulos waren hierin seine Lehrer gewesen; auf Vespasiano's Lob allein ist wohl die Annahme des Mehus zurückzuführen, welcher (Vita Ambrosii Traversarii S. 220) die griechischen Minuskeln am Rande von M 49,18 und ihre Uebersetzung fälschlich dem Donato Acciaiuoli zuschreibt. Von den Correcturen und Summarien des M rührt nur ein sehr kleiner Theil von Donato her. Seine Handschrift ist die kleinste und unscheinbarste von allen Correctoren (vgl. Tafel 4). Dazu stimmt es nur halb, wenn Vespasiano (Spic. Rom. I, S. 437) hervorhebt: *Aveva la mano velocissima ed era bellissimo iscrittore di lettera corsiva.*

Schnell und flüchtig erscheinen allerdings seine Schriftzüge, aber etwas Schönes kann man wenigstens an den in M vorliegenden Proben nicht finden. Freilich ist zu berücksichtigen, dass das Papier der Handschrift, ehe Donato seine Bemerkungen hineinschrieb, schon viel Handschweiss aufgesogen hatte. So kam es, dass Acciaiuoli's kleine Schriftzüge oft ineinander liefen, als ob er auf Löschpapier geschrieben hätte. Characteristisch für den cursiven Character seiner Schrift sind die vielen Ligaturen z. B. e erscheint vor den Vocalen nur als ein aufwärtsgehender Haarstrich vgl. ad Brut. I, 16, 6 *inculcatā* = inculcatam, der Kopf des g ist zu einem Pünktchen eingeschrumpft (vgl. Tafel 3 *Nugas* am linken Rande) etc. Von Textänderungen habe ich nur notirt ad Q. I, 2, 16 *acerbissimos* m. 1 corrigirt in *acerrimos* von Donato Acciaiuoli (m. 5). Diese Correctur trifft offenbar das Richtige, kann aber nicht für handschriftlich gelten. — Häufiger finden sich Worte, die ihm bemerkenswerth dünkten, am Rande wiederholt z. B. *inculcatam* ad Brut. I, 16, 6, *nugas* vgl. Tafel 3 und sachliche Bemerkungen z. B. ad Brut. I, 16, 6 am Rande *de liberis tyrannorum*, ad Q. I, 2, 6 zu den Worten *Quid vero ad C. Fabium nescio quem?* etc. am Rande *Tullius malinus*. ad Q. II, 2 zum Anfang am Rande *scribere et dictare*. —

§ 9.
Die griechischen Stellen des Textes.

Die griechischen Stellen des Textes sind von m. 1 in der sogenannten Quadratschrift ohne Verständniss der griechischen Sprache mechanisch aus der Vorlage nachgemalt worden. Die meisten grie-

chischen Stellen sind später am Rande in Minuskeln wiederholt, und
es ist eine lateinische Uebersetzung darüber geschrieben worden.
Dass diese Minuskeln sammt der Uebersetzung z. B. Bl. 43 (ad Q. III,
4, 4)   Bl. 52ʳ (A I, 16, 1)

   a divino spiritu inflatio   *secundum homerum*
   Ἐνθουσιασμος   ὁμηρικῶς

von einer Hand herrühren, glaube ich behaupten zu können. Keinesfalls aber kann Coluccio, wie Bandini II, S. 474 angiebt, der Urheber
dieser Randbemerkungen gewesen sein; denn erstens war Coluccio
des Griechischen fast unkundig, zweitens ist seine kräftige Handschrift grundverschieden von dem kleinen, abgezirkelten Ductus
dieser Stellen am Rande. Nach dem Schriftcharacter wäre eher
noch die Ansicht des Mehus glaublich, der (Vita Ambr. Trav. S. 220)
die griechischen Minuskeln und ihre Uebersetzung dem Donato Acciaiuoli zuschreibt. Aber auch diese willkürliche Annahme wird ohne
Weiteres dadurch hinfällig, dass Coluccio ad Q. III, 1, 18 die Uebersetzung am Rande über dem Texte ΔΕΥΤΕΡΑΣ ΦΡΟΝΤΙΔΑΣ wiederholt hat: *secundas curas* m. 2; ausserdem ist auch bereits der
Codex II Poggio's hinsichtlich des Griechischen und der Uebersetzung
von M abhängig z. B. ad Q. III, 4, 4 (S. 71), A I, 14, 3 (S. 72).
Demnach sind die griechischen Minuskeln und ihre Uebersetzung noch
bei Lebzeiten des Coluccio, aber von einem anderen Gelehrten eingetragen worden. Dass dieser andere Gelehrte Manuel Chrysoloras
gewesen sei, hat, soviel ich weiss, zuerst Georg Voigt[66] vermuthet,
wobei er sich auf die oben erwähnte Briefstelle des Traversari an
Barbaro (epist. VI, 6, rec. Canneto) stützt: *Ciceronis epistolas ad Atticum, quibus noster Manuel restituit graecas literas.*

In der That war zu der Zeit, als Chrysoloras zu Florenz lebte
der M 49, 18 das einzige Exemplar der Briefe A, das man dort
besass. — An die griechischen Stellen hat Niccolo aus leicht begreif-
lichen Gründen die verbessernde Hand nicht angelegt, wohl aber
hat der im Uebersetzen wohl bewanderte Bruni an einigen Stellen
die lateinische Version verändert, nicht immer zum Vortheil. So
steht z. B. A I, 20, 3 im Texte über ΣΠΑΤΑΝ (für Σπάρταν) *spar-*

---

66) Berichte etc. S. 53.

tam. i. prouinciam m. ?, was dem Sinn der Stelle durchaus entspricht. Am Rande ist σπαρταν wiederholt und drüber geschrieben *filum regulum* m. 2ᵇ (= Chrysoloras), diese Uebersetzung hat Bruni wieder gestrichen und dafür geschrieben *urbem* m. 4.

Ebenso steht A I, 14, 3 von m. 1 im Text: *tuaristarchises*, corrigirt in *tu aristarchus es* m. 2, am Rande *tu ἀρίσταρχος es* und drüber *princeps in aristocratia orationum* m. 2ᵇ, diese Worte hat Bruni durchstrichen und dafür gesetzt: *aristarchus* m. 4. —

§ 15.
Die spätesten Correcturen.

Ausser den bisher bestimmten Correctoren waren in M hie und da noch andere Schreiber thätig. Vom Tode des Acciaiuoli 1478 bis auf Petrus Victorius sind, wie wir oben sahen, die Schicksale der Handschrift dunkel. Während dieser Zeit sind wohl die Correcturen eingetragen worden, die ich als »späteste« zusammenfasse. Dieselben sind für die Kritik völlig bedeutungslos und werden von mir auch bloss zur Vervollständigung der Geschichte unserer Handschrift erwähnt. Eine grobe, unschöne Hand hat A I, 18 zu dem Zeichen ⟟ (von Niccolo?) zugeschrieben *hic deficit complementum et al magna epla*; ich nenne diese Hand m. 6; dieselbe hat auch Q. II, 10, 1 die Randbemerkung geschrieben *togam sum eius praetextam*, wodurch an Stelle des mehrfach corrigirten und dann ausgestrichenen Textes die Lesart der m. 2 erneuert wird.

Eine andere Hand von dünnem, zierlichem Character (m. 7) macht häufig grammatische Anmerkungen, die unter dem Zeichen ꝓ = *pro* eingeführt werden, z. B.

A IV, 3, 2 *ille uehemens ruere* m. 1, über dem zweiten Worte ꝓ *uehementer* m. 7. —

Eine manus 8, die aber auch älter sein kann als m. 7, hat A I, 18 bei der grossen Lücke unter die Worte der m. 6 geschrieben: *quaere ad signum*. Vielleicht dieselbe Hand hat den Brief A IV, 2 durch einen Strich von A IV, 1 geschieden und am Rande bemerkt *hic est caput alterius eple*. Auch an anderen Stellen sind Briefe, welche durch die Ueberlieferung der m. 1 fälschlich zusammengerathen waren, durch Striche richtig von einander getrennt worden.

Wir sehen hierin Spuren von der Arbeit eines Mannes, der den Inhalt der Handschrift zu ordnen suchte. Wenn ich eine Vermuthung über die Persönlichkeit äussern darf, würde ich vor allem an Angelo Poliziano denken. Er war in derselben Richtung für die Briefe F thätig[67], wir wissen (S. 3), dass er den M 49, 18 benutzt hat, und die Notiz von seiner Hand M 49, 9 Bl. 118ᵛ: *require signum hoc ' ad finem octavae paginae* erinnert sehr an die Worte *quaere ad signum* in A 1, 18.

67) Vgl. L. Mendelssohn in Fleck. Jahrb. 1884, S. 846 und 848; Bandini Catal. II. 160 f.

Zweites Kapitel.
Die wichtigsten Abkömmlinge des M 49,18.

§ 1.
Die Recensionen des Poggio.

Francesco Poggio schreibt am 14. April 1425 von Rom aus an Niccolo (ep. ed. Tonnelli II, 22): *Praeterea opus est mihi epistolis Ciceronis ad Atticum manu mea scriptis, quas habet Cosmus noster.* Diese Worte haben die Meinung erweckt, das von Poggio eigenhändig geschriebene Exemplar der Briefe A liege in dem Codex 49, 24 der Mediceischen Bibliothek zu Florenz vor[1]). Grosse Erwartungen haben sich an dieses noch nicht collationirte Exemplar angeschlossen, welche wiederum mit dem Glauben im Zusammenhange stehen, dass Poggio zur Zeit des Constanzer Concils aus einem handschriftlichen Funde den im M 49, 18 bekanntlich fehlenden Schluss der Briefe A herbeigeschafft habe[2]). Und doch hätte man schon aus der Unterschrift des sogenannten Poggianus: *liber Poggii Secretarii Apostolici* ersehen können, dass hier zwar ein Codex aus Poggio's Bücherei, nicht aber ein eigenhändiges Schriftwerk aus den Jugendjahren des berühmten Humanisten vorliegt. Die von Poggio selbst gefertigte Abschrift der Briefe A existirt allerdings bis auf den heutigen Tag, aber nicht in Florenz, sondern in Berlin, wo ich sie, einem freundlichen Winke des Herrn A. Wilmanns folgend, unter den Büchern der Bibliothek Hamilton (No. 166) ermittelt habe. Diese für die Ueberlieferungs-

---
1) Hofmann S. 58. Voigt, Berichte d. K. S. G. d. Wiss. 1879 S. 61.
2) Hofmann S. 57.

geschichte der Briefe Cicero's ungemein wichtige Handschrift (H) tritt hiermit nach langer Vergessenheit zum ersten Male wieder ans Licht. Sie trägt die Unterschrift: *Scripsit Poggius anno domini MCCCCVIII a mundi vero creatione VI mil. et DCVII*

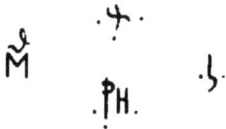

und ist ohne Zweifel identisch mit jenem Exemplar, welches Poggio laut der citirten Briefstelle für Cosimo Medici geschrieben hatte. Das Datum 1408 belehrt uns, dass diese Arbeit nicht der Florentiner Jugendzeit Poggio's angehört[3]; er war damals bereits 5 Jahre päpstlicher Scriptor zu Rom und hat die Handschrift also entweder in Rom oder wahrscheinlicher bei einem Ferienaufenthalt in Florenz angefertigt. —

Nach Cosimo's Tode fand sich die Handschrift unter seinen Büchern vor (vgl. Bandini III 519), wie kam sie aber in das Ausland? Als die Herrschaft der Medici 1494 zusammenbrach und Pietro eiligst aus der Stadt flüchten musste, wurde der Palast der Familie erst vom Volke, später auch von den Franzosen geplündert. Da kamen mit anderen Kostbarkeiten auch viele Bücher aus der Mediceischen Privatbibliothek abhanden (vgl. S. 4); viele derselben haben wohl die Medici später zurückerworben, manche aber mögen auch in fremde Hände übergegangen sein. Zu diesen gehörte wohl H, denn auf dem ersten Blatte findet sich der Besitzvermerk: *Carolus Borromeus*. Das ist ohne Zweifel der berühmte Cardinal und Erzbischof von Mailand, welcher 1584 starb. Als die Handschrift im Besitze Borromeo's war, scheint sie von Malaspina benutzt worden zu sein[4]; auf welche Weise dieselbe nach England gelangte, weiss ich nicht.

Die Handschrift gehört zu den schönsten Schriftwerken der Renaissance; Poggio's Hand ist von entzückender Gleichmässigkeit und Reinheit. Das Griechische ist, wie es scheint, nicht überall zugleich mit dem Texte geschrieben, sondern oft erst nachgetragen.

---

3) Voigt, Wiederbelebung I S. 330.
4) Vgl. S. 95 Anm. 15.

An manchen Stellen hat Poggio die griechischen Buchstaben des Textes seiner Vorlage mechanisch nachgemalt, wo aber Chrysoloras die Stelle in Minuskeln mit lateinischer Uebersetzung an den Rand geschrieben hatte, da hat auch Poggio die Minuskeln und deren Version, aber im Texte, und zwar in einer Schriftart, welche von der des übrigen Textes abweicht, weil Poggio den Ductus des Chrysoloras nachzuahmen bemüht ist. Doch bin ich nicht sicher, ob diese von mir an einigen Stellen gemachten Beobachtungen für die ganze Handschrift zutreffen. — Es kann wohl keinem Zweifel unterliegen, dass H im Wesentlichen eine Copie des Codex M 49, 18 ist und zwar in der Gestalt, wie ihn Coluccio hinterlassen hatte. Zum Beweise dafür mache ich noch einmal darauf aufmerksam (vgl. S. 22), dass in H alle Ergänzungen und Correcturen Niccolo's (M^3) sich von erster Hand nicht vorfinden; erst später ist ein Theil dieser Verbesserungen von anderer Hand am Rande nachgetragen worden. H schliesst genau wie M die Brutusbriefe mit der Subscriptio: *Ad Brutum epistolarum liber secundus explicit. Incipit ad Q. epistolarum liber tertius.* Diese Buchzahlen waren später in M geändert (vgl. S. 5 f.). Endlich vergleiche man z. B. noch folgende Stellen:

A I, 13, 1 *victum eis* M^1 H [statt des richtigen, von m. 4 hergestellten *victimis*].

I, 1, 4 *vinci* M^1 H [statt des richtigen, von m. 3 hergestellten *Nunc*].

I, 16, 13 *pro una re* M^1 H^1 [statt des richtigen von m. 3 hergestellten *pronuntiare*].

III, 15, 6 *quam spem me notassem aut* M^1, *quam in spem me vocas? sin autem* M^2 H.

ad Br. I, 11, 2 *cupimus* M^1, c^e *cepimus* M^2, *cepimus* H.

A IV, 1, 2 *accumulandum* M^1, c^e *ad cumulandum* M^2, *ad cumulandum* H.

XIV, 17, A, 8 *liberas. Tu igitur* M^1, c^e *liberasti igitur* M^2, *liberasti igitur* H.

und man wird begreifen, dass H nach Coluccio's Correctur, aber vor Niccolo's Recension copirt ist. Ist sonach über die Vorlage zu H kein Zweifel möglich, so lässt sich andrerseits ebenso sicher nachweisen, dass Poggio keine bloss mechanische Copie von M 49, 18 geliefert hat. Er hatte von seinem kritischen Ingenium eine viel zu hohe Meinung, als dass ihn die blosse Copistenarbeit befriedigt hätte [5]. (vgl. ep. ed. Tonnelli III, 4; 5; IV, 1). Die Correcturen m. 2 ohne Vorzeichen hat Poggio in richtiger Würdigung der Autorität seines Gönners Coluccio meist in den Text aufgenommen; nur in einzelnen Fällen hat er gegen m. 2 auf die Lesart der m. 1 zurückgegriffen oder selbst conjicirt z. B.

ad Oct. 6 *patrie paridem* m. 1, drüber *paricidam* m. 2, durchstrichen; *paridem* H.

7 *pecare* m. 1, drüber *peccare* m. 2, *pecasse* [6] H.

Auch Varianten *al* (z. B. ad Br. 1, 6. 3 *al C. Trebonii* m. 2) sowie Conjecturen Coluccio's *c* (s. oben) hat Poggio hier und da in den Text aufgenommen. Dann und wann hat er auch an Stellen, wo M 49, 18 keine Varianten bot, zur Conjectur gegriffen, z. B.

A XIV 17, A 7: *c* *quadam*
quam animi M, *quadam cum* H, was jetzt unbeanstandet in den Texten gelesen wird. (S. 33).

A XV 1, 1 hat Poggio hinter *hominem temperantem* das Glossem *summum medicum* eingeschoben, welches aus unsern Ausgaben zu tilgen ist. (S. 76).

A XVI 7, 6 *ditum se* m. 1, *sit unde* H. etc.

Im Ganzen jedoch hat sich Poggio in H der Ueberlieferung des M gegenüber verhältnissmässig conservativ verhalten.

Wie verhält sich H zu den beiden grossen Lücken des M 49, 18? Die grosse Lücke A I, 18—19 hat Poggio so wenig bemerkt wie Coluccio; der Text springt ohne irgend ein Zeichen von *descendimus* auf *qualem* über, woraus ich schliesse, dass im Jahre 1408 der Codex M 49, 18 an jener Stelle weder die Verweisungszeichen ɸ ʌ, noch die Bemerkung *hic deficit complementum et alia magna pcistula quaere ad signum* gehabt hat (s. o. S. 8). Dagegen ist der Schluss der Briefe A in H vollständig. Soviel ich weiss, ist also H die älteste der erhaltenen Handschriften, welche den in M 18 fehlenden Schluss der Briefe A besitzt. Vermuthlich kamen zu eben der Zeit, in welcher Poggio seine Copie des M 18 abschloss, zu Florenz jene kriti-

---

[5] Vgl. O. E. Schmidt »Gian Francesco Poggio etc.« Ztschr. f. Allg. Gesch. 1886 Heft VI S. 417.

[6] Wesenberg hat diese Conjectur Poggio's, weil sie in der editio Romana steht, für eine handschriftliche Lesart gehalten und fälschlich in den Text aufgenommen.

schen Hilfsmittel zu den Briefen A an, welche Lionardo Bruni durch Vermittlung des Bischofs von Novara aus der Bibliothek von Pavia hatte besorgen lassen, also entweder Copien der Cod. No. 610 und 622 oder diese Handschriften selbst. Von No. 610, vermuthlich dem Exemplar Petrarca's, wissen wir genau, dass es den Schluss der Briefe A enthielt, von No. 622 dürfen wir dasselbe vermuthen, weil noch ein anderes Schriftstück hinter A IX—XVI überliefert war. Bei der ersten Durchsicht fand Niccolo das Schlussstück und konnte es seinem Freunde Poggio noch rechtzeitig übermitteln, sodass dieser in die Lage kam, das erste am Schlusse vollständige Exemplar zu schreiben. Niccolo aber schrieb alsbald wohl auch für M 18 den entsprechenden Nachtrag, der aber im Laufe der Zeit wieder verloren ging. Dagegen scheint sich das Ergänzungsstück der grossen Lücke in A lib. I damals noch nicht vorgefunden zu haben; aus No. 622 konnte es nicht beschafft werden, in Petrarca's Exemplar aber war die Lücke, wie es hiernach scheint, auch vorhanden; demnach hat der Veronensis diese Verstümmelung wohl eher erlitten als diejenige am Schlusse. Wir wollen an dieser Stelle, um nicht noch einmal ausführlicher auf die Lücke in A I zurückkommen zu müssen, die Untersuchung über diesen Punkt, so weit als möglich, beenden. Es fragt sich zunächst, wann die erste Handschrift geschrieben ist, welche die Lücke in A I ausgefüllt hat. Detlefsen S. 572 giebt an, dass der cod. Parisinus lat. 8537, welcher die Briefe an Brutus, Quintus, Octavius, Atticus vollständig enthält, die Unterschrift trägt *REDOLFVS IOHĀNIS DE MISOTIS DE FERARARIA SS. MCCCCXV.* Noch älter ist vielleicht die Bemerkung bei *descendimus* im Palat. 1495: *Hic folium integrum a librario amissum*, obwohl die Lücke selbst in dieser Handschrift nicht ausgefüllt ist, während der Schluss vollständig ist. Diese Handschrift, ehemals sammt dem Pal. 1496, der die Briefe F enthält, im Besitze des Florentiners Giannozzo Manetti, ist nach Ebelings[7] ansprechender Vermuthung 1410 oder 1409 geschrieben. Das führt uns auf die Zeit, in welcher Bruni den Codex Capra's sah und wohl auch Niccolo diesen Codex sich nutzbar machte. Wenn nun auch die Bemerkung im Pal. 1495 von einer späteren Hand herrühren sollte, was Ebeling nicht angiebt, so muss man doch wegen des

---

7) Philologus 1883 S. 103.

oben erwähnten vollständigen Parisinus vom Jahre 1415 annehmen, dass die Ergänzung zu A I in den Jahren 1409 bis spätestens 1415 ans Licht gekommen ist, wahrscheinlich aus dem Codex Capra's und durch Niccolo's Verdienst. So darf man wohl auch der Meinung sein, dass die Zeichen φ über dem Ende von *descendimus* und ∧ vor *qualem* von Niccolo herrühren, welcher damit auf das von ihm geschriebene, wahrscheinlich in M 18 hineingelegte Ergänzungsstück verwies. Auch diese Beilage ist dem M 18 bei seinem späteren Wanderleben verloren gegangen. — So schwindet auch jede Möglichkeit, dass Poggio durch einen Fund in St. Gallen oder einem andern »deutschen Kerker« den Text unserer Briefe bereichert habe; denn Poggio machte seine ersten derartigen Entdeckungen im Sommer 1416[x]. Die unklare Notiz Vespasiano's (Spic. Rom. I S. 549): *Pure a Costanza trovaronsi le epistole di Tullio ad Attico, delle quali non ho notizia* erklärt sich wohl daraus, dass Vespasiano gehört hatte, Poggio habe zuerst ein Exemplar der Briefe A mit vollständigem Schlusse geschrieben. Für eine ähnliche Notiz des Flavio Biondo werden wir unten eine andere Erklärung finden (S. 105). — Nach dieser Abschweifung gebe ich, weil H für den Schluss der Briefe A als älteste erhaltene Textquelle gelten muss, für das in M fehlende Schlussstück die Collation von H mit dem Texte der Ausgabe Wesenberg's:

A XVI, 16, B, 9 *etiam oro*] *etiam rogo* H | *voluntate te esse erga* *voluntate erga* H¹ (dazwischen von junger Hand *esse* eingeschoben). | *et paterna*] *et quem paterna* H | 16, C, 10 *ignoscere*] *cognoscere* H¹, corrigirt in *ignoscere* H¹ | *omitte*] *omicte* H | *totum hoc da*] *da* om. H | 11. *Accessit ad senatus consultum lex, quae lata est*] om H | *a. d. IIII. Non., quae*] *ad III non. iun. quae* H | *decreverunt*] *decrerunt* H | *litterasque ad* | om. H | 12. *omnino res huiusmodi*] *omnis res eiusmodi* H | *videtur esse*] *esse* om. H | *Caesaris*] *caesis* H | 16, D, 14 *comprobet*] *probet* H | 16. E, 15 *quo parum*] *quod parum* H | *probarit Caesar*] *probarit cos.* H | 16, *non tibi tam*] *tam* om. H | 16, F, 18 *Et res ita*] *Et res ista* H | *officii sui*] *officii tui* H | M. TVLII CICERONIS EPISTOLARVM AD ATTICVM LIBER XVI ET VLTIMVS EXPLICIT FELICITER.

Ausser dieser ersten Recension (H) hat Poggio, als er nach zehn-

---

[x] Vgl. Voigt, Wiederbelebung I, S. 240, Anm. 1.

jährigem Aufenthalte in Deutschland und England (1414—1423) sich in Rom wieder zum päpstlichen Dienst bequemt hatte, eine zweite Recension der Briefe A in Angriff genommen; er verlangte dazu, wie wir oben sahen, durch Niccolo's Vermittlung den Codex, welchen er selbst früher für Cosimo geschrieben: *nam scriptor illas scribit satis mendose propter exemplar, cursim corrigam illas, si hunc habuero Cosmi librum; itaque illum nobis trade: roga Cosmum verbis meis, ut librum concedat paulum mihi, quem sibi incolumem restituam.* Man kann nicht annehmen, dass das fehlerhafte Exemplar, dessen Copirung Poggio damals hatte beginnen lassen, eine alte Handschrift gewesen sei; einem Niccolo gegenüber würde sich Poggio über einen Codex von ehrwürdigem Alter anders ausgedrückt haben. Dieses Exemplar war wohl ein ziemlich verderbter Enkel oder Urenkel des M 18. Darum wiederholt auch Poggio seine Bitten um Darleihung des Codex H immer von neuem (ep. II, 23; II, 28; II, 41). Endlich entstand auf Florentiner Pergament (ep. II, 27), von Poggio's Schreiber 1429 geschrieben (ep. IV, 17), von Poggio selbst verbessert, seine zweite Recension, welche vermuthlich in M 49, 24 vorliegt; ich nenne dieselbe P. —

Das dem Cod. P der Cod. H zu Grunde liegt, folgt aus den von mir S. 89 f. verzeichneten Stellen. Ausserdem aber enthält Poggio's zweite Recension auch das unterdess von Niccolo aufgefundene Füllstück zu A 1 (vgl. S. 85 f.). Endlich hat Poggio in der zweiten Recension seiner eignen Conjectur einen bei weitem grösseren Spielraum verstattet, als in H (vgl. S. 90 Nr. 6, 12, 13, 15, 19). —

Während der Codex H bei der Constituirung des Textes unserer Briefe unentbehrlich ist, um in zweifelhaften Fällen die Lesart von M^1 oder M^2 festzustellen, hat der Codex P für die Textkritik höchstens den negativen Werth, dass er uns zeigt, welche Lesarten aus unsern Ausgaben als Conjecturen Poggio's auszuscheiden sind. Welche Rolle aber P in der Ueberlieferungsgeschichte unserer Briefe spielt, das wird der nächste Paragraph zeigen. —

§ 2.

Andere von M abhängige Handschriften und die ältesten Ausgaben.

Ich weiss recht wohl, dass das Wenige, was ich über sogenannte jüngere italische Handschriften in Erfahrung gebracht habe, nur Stückwerk ist und dass meine Aufstellungen darüber durch weitere Forschungen nicht nur ergänzt, sondern auch berichtigt werden können. Immerhin glaube ich mit meinem Material nicht zurückhalten zu dürfen, um eben zu weiterer Forschung anzuregen, zumal mein Stoff ausreichend erscheint, um wenigstens einige Richtlinien für die Beurtheilung der jüngeren italischen Tradition festzustellen. —

In Florenz habe ich die Handschriften M 49, 19—23, allerdings meist nur oberflächlich, untersucht und bin zu dem Resultate gekommen, dass sie insgesammt directe oder indirecte Abkömmlinge von M 49, 18 sind. Genauer habe ich nur M 49, 19 untersucht, eine Papierhandschrift in Quarto, sehr wasserfleckig, hier und da vom Buchbinder ausgebessert. Der Text, von einer Hand geschrieben und zwar im Ductus der Notariatsschrift, ist eine ziemlich correcte Abschrift der ersten Recension Poggio's H, doch fehlt das Griechische. Die Abhängigkeit von H ergiebt sich nicht bloss daraus, dass M 19 wie H am Schlusse der Atticusbriefe vollständig ist, dagegen die grosse Lücke im ersten Buche zeigt, sondern auch aus hundert Kleinigkeiten, die hier aufzuführen nicht der Mühe lohnt. M 19 ist später von einer jüngeren Hand mit schwärzerer Tinte durchcorrigirt worden, wobei namentlich Ergänzungen und Verbesserungen der m. 3 des M 18 Berücksichtigung fanden. Die corrigirende Hand hat auch begonnen, die grosse Lücke in I, 18 am oberen Rande nachzutragen, jedoch ist sie nicht über einige Zeilen hinausgekommen.

M 19 spielt vielleicht eine gewisse Rolle bei der Verbreitung des Poggio'schen Textes, für die heutige Textkritik ist M 19, da H vorhanden ist, entbehrlich. —

Ueber den Balliolensis 248° verdanke ich einige Mittheilungen sowie eine Collation von ad Br. I, 18 der Güte des Herrn Prof. Rühl in Königsberg. Dass diese Handschrift eine Abschrift von P (= M 49,24) ist, ergiebt sich zur Evidenz aus folgenden Stellen

ad Br. I 18, 2 *abesse censes mali* M H,
   mali abesse censes P Ball. 248°

  3 *in tanto senatus* M,
   in tanto senatus H P Ball.

  solvas si is M,
  solvas nisi is H P Ball.

4 *prestringi* M.
    perstringi H P Ball.
5 *arbitrer* M,
    arbitrabor H P Ball.

Ich bin mir nicht klar darüber, ob der Balliolensis des Graevius mit dem vorerwähnten identisch ist; jedenfalls aber gehören beide Handschriften derselben Classe an. Um Raum zu sparen und grössere Uebersicht zu ermöglichen stelle ich nunmehr erst eine Anzahl Prüfstellen mit der betr. varia lectio zusammen, ehe ich in der Untersuchung fortfahre.

Dabei bedeutet H = cod. Berol.-Ham. 166
P = » M 49, 24
β = Balliolensis Graevii
h = Helmstadiensis Graevii
q = 1. Oxoniensis Ernestii
ψ = 2.   »   »
A = Antonianus Malaspinae
F = Faernus Malaspinae
Rav. = Ravennas bibl. Class. 137, 4, 2.
R = editio princeps Romana (a. 1470)
I = editio Iensoniana (a. 1470).

Ich bemerke noch, dass, wenn bei einer Stelle die Lesart einer Handschrift nicht angegeben ist, mir eine solche Lesart unbekannt ist. Diejenigen Stellen, in denen Handschriften eine Conjectur Poggio's im Texte zeigen, werde ich durch ein Ausrufungszeichen hervorheben.

1) ad Br. I, 4, 5 *me reum subicies* M,
        me reum facies H P I!
2)   I, 13, 1 *tuamque benivolentiam* M,
        tuamque in me benevolentiam H P R I!
3)   I, 15, 9 *posteris esset salutaris* M,
        posteris posset esse salutaris H P I q ψ.
4) ad Oct. 2 *post etiam paullo temporibus ita postulabit* M,
        diese Worte hat Poggio übersehen, sie fehlen also in H. auch in R.
5) ad Br. I, 13, 2 *consulari tali viro* M¹, *tali* getilgt von M²,
        consulari tali viro H P R I.

6) A I, 1, 4 *animŭ amici* M, für *animŭ* am Rande / *aniciis* M², *adversus ne* M⁴, *animum amici* H P¹, aber am Rande von P *ne contra amici* (Poggio's Conjectur) übergegangen in R I q β h Rav!
7) I, 10, 6 *non accersam sed prohibebo* M, *non arcessam sed prohibebo* H P R I Rav.
8) I, 12, 3 *seprule* M¹ ⁿ⁻², *servilie* M⁴, *servule* H P β ψ Rav. R I!
9) I, 13, 3 *ad virgines atque ad pontifices* M I Rav. A F, *ad virgines atque* fehlt in H P β Malasp. 3 deter. R.
10) I, 16, 2 *ut ita fieret* M, *ut id ita fieret* H P β Rav. R I.
11) I, 16, 11 *multo melius nunquam* H¹, dann ist *nun* auspungirt, also *multo melius quam* H², Rav. R I.
12) I, 16, 11 *iisque isti nostri* M¹ (nach Baiter), *usquae isti nostri* H¹, für *usquae* am Rande *usque eo ut* = P Rav. R I und wohl auch β, h etc.
13) I, 16, 12 *exspectatio in comitiorum* M H, *exspectatio comitiorum* P Rav. β h R! *exspectatio in comitiorum causa* I."
14) I, 16, 13 *aut legem* M¹ H P β h Rav. R.
15) I, 16, 13 *madii* M H¹, *in ad. VI.* H² P⁴ Rav.! *ad VI* P² I, *ui ad VI* R.
16) I, 19, 10 *soleta* P h Rav. σόλοικα cod. Malaspinae (A F). *soloeca* R, *obsoleta* I.
17) II, 1, 12 *et ad me perferantur* om. M¹ ⁿ⁻² H P β R, am Rande M³, I h (?), *et ad me mittantur* Rav.
18) II, 5, 2 *videte civitatem* M H Rav. R, *videre civitatem* P I.
19) II, 18, 1 *haberes* M¹, am Rande *averes* M⁴, *haberes* H¹, *haveres* H¹, *averes* P Rav. R I.
20) III, 15, 4 *aut occubuissem honeste* M⁴, ein Zusatz aus Bruni's Conjectur, fehlt in H P Rav. β h R I¹⁰.

---

9) Im Anschluss an M ist offenbar zu schreiben *exspectatio ingens comitiorum*, was, wie ich sehe, schon Goveanus conjicirt hat.

10) Interessant ist es zu sehen, welche Schlussfolgerungen Lambin an das Fehlen der Conjectur Bruni's im Tornaesianus anknüpft: *Hoc membrum desideratur in cod.*

21) IV, 1, 1 *te vere. Scibam* M¹ H, *ut vere scribam* M³ I Rav. (?),
    te vere sciebam β, *te vero sciebam* h,
    te vere scribam R.
22) V, 14, 1 *utrumque est dabo* M¹, *est* später getilgt¹¹.
    utrumque dabo H β h R I!
    utrumque enim dabo A.
23)   14, 2 *per meos omnis* M¹, *spero eos omnis* M²,
    spero meos omnes H cod. Malasp. (A F) R I β h (?) I
24)   14, 2 *Adventus noster* ~~admirabiliter~~ *nemini minimo quidem
    sumptui fuit* M,
    adventus noster ne minimo quidem fuit sumptui H,
    a. n. n. m. q. sumptui fuit P I! *a. n. n. nummo q. f. s.* R.
25) VII, 1, 7 *non decrevit quam* M¹, *non decrevit plus decrevit quam* M¹,
    non decrevit quasi H β h I!
26)   3, 8 *in iisque* M¹ H, *meisque* M⁴,
    in iisque I.
27) VIII, 15, 3 *mederi* M¹, *me derideri* M⁴ I,
    mederi H P h β R.
28) IX, 11, 2 *respondisse quin* M¹, *respondit se non dubitare quin* M¹,
    respondit se quin H β h R I, aber I hat *non dubitare*
    hinter *quaereret*
29) X. 8, A 1 ~~agnosce~~ *magno esse trans mare* M¹, *magni* M²,
    magni esse trans mare H ψ β h,
    m. e. te trans mare R,
    m. e. te iturum trans mare I.
30) XIV, 17, A 4 *trans quam* M¹, *transtulerim* M⁴ ¹²
    transtulerim H P R I β h (?)!
31) XV, 1, 1 *summum medicum* H, eine Ergänzung aus Poggio's
    Conjectur, M⁴ am Rande¹², h β, R I!
32) XVI, 16, 11 Die Zeile *Accessit ad senatus consultum lex quae lata*

Turnaesiano, quod eo adscripsi ut intelligant ii, qui codices antiquos usque quaque sequi dicunt oportere, codices illos a scriptoribus librariis non solum indoctis, verum etiam interdum negligentibus esse descriptos et multa ab eis vel properantibus vel aliud agentibus et errantibus esse et praeterita et mendose scripta.

11) Das Richtige für *est dabo* M¹ bietet Victorius *praestabo*, die Spur des Richtigen *stabo* der Tornaesianus Lambin's.

12) Wie wir oben S. 76 sahen ist Druni in diesen übereinstimmenden Fällen von Poggio wahrscheinlich abhängig.

est hat Poggio übersprungen, sie fehlt in H, vermuthlich auch in P, sicher in R h (s. unten), β (?).

Die Zeile ist vorhanden in l, überdies beglaubigt durch Cratander's Codex (C).

Aus dem vorstehenden Material ergiebt sich zunächst mit Sicherheit, dass der M 49, 18 in der von Bruni (M¹) fixirten Gestalt auf die jüngere italische Ueberlieferung keinen Einfluss geübt hat. Denn gerade die glänzendsten Emendationen Bruni's z. B. No. 6, 20, 25, 27, 28 sind in den jüngeren Handschriften nicht vertreten. Wenn aber l (No. 27) wie M¹ das naheliegende *me derideri* und No. 28 die gleichfalls naheliegende Ergänzung *non dubitare*, aber an anderer Stelle als M¹, bietet, so beruht diese zufällige Uebereinstimmung auf selbständiger Conjectur. Man muss aber noch einen Schritt weiter gehen: auch die Recension Niccolo's ist in den meisten Handschriften nur zum Theil, in keiner vollständig vertreten. Daraus folgt, dass der Mediceus keinesfalls die directe Quelle der jüngeren italischen Ueberlieferung genannt werden kann. Diese jüngere italische Ueberlieferung zerfällt in Hinsicht auf ihren Ursprung im Wesentlichen in zwei Gruppen.

Zur ersten Gruppe gehören ausser den oben besprochenen M 49,19 und Ball. 248ᵉ insbesondere β und wohl auch h, ferner q und ψ und die editio princeps R. Der Text dieser Gruppe, zu welcher sich natürlich ausser den erwähnten Handschriften noch viele andere Glieder finden werden, geht auf den von Poggio in H und später in P festgestellten Text zurück, ist aber durch Conjectur mehr oder weniger weitergebildet worden. Die Wahrheit dieses Satzes ist nach den obigen Zusammenstellungen so einleuchtend, dass ich auf jede weitere Begründung verzichten kann. Einzelne scheinbare Widersprüche vermögen das richtige Ergebniss nicht zu erschüttern. Allerdings muss es nach Graevius Variae lectiones (hinter der Ausgabe T. II S. 289) scheinen, als hätten seine Codices β und h die von Poggio in H und wohl auch in P übersprungene Zeile (s. No. 32), aber eine freundliche Mittheilung des Herrn O. v. Heinemann in Wolfenbüttel belehrt mich, dass h an dieser Stelle liest: *Res ab iis in Kal. Jun. dilata est ad ii iunii dilata est quae lex earum rerum etc.*; also fehlt die fragliche Zeile in h, darnach wage ich die Vermuthung, dass sie auch in β fehlt: Graevius war in der Angabe der Lesarten offenbar ungenau. Vor allem aber darf man sich durch einige vom Texte Poggio's abweichende gute Lesarten der vielbesprochenen Romana nicht verleiten lassen, dieser Ausgabe, wie es kürzlich K. Lehmann[13] gethan, die Benutzung irgend eines, von M unabhängigen alten kritischen Hilfsmittels zuzuschreiben. Auch Voigt ist geneigt, dieser Ausgabe einen grösseren Werth beizumessen, wegen der etwas geheimnissvollen Worte, mit denen der Bischof von Aleria 1470 sein Werk einleitete: *Ecce emisimus difficillimum epistolarum Ciceronis ad Atticum opus, et multis in partibus, quod notis secretioribus et inter paucissimos cognitis scripte sunt littere, non satis intellectum.* Aber vermuthlich hat der würdige Prälat in dem Bestreben, sein Licht nicht unter den Scheffel zu stellen, etwas geflunkert. Es findet sich allerdings No. 24 in R für *minimo* die Lesart *nummo*, die auf falsche Auflösung des Zeichens für *minimo* zurückgehen kann, aber dieses Zeichen ist bekannt. Die von H P abweichenden Lesarten in R z. B.

    A III, 10, 2 *tum ex amplo statu* statt *t. extemplo a st.* M, *t. extemplo st.* H.

    IV, 6, 2 *meliuscule* (vgl. F XVI, 5, 1) statt *melius quae* M H.

    V, 1, 3 *sumptus* statt *sumpta* M H.

    V, 14, 1 *haec mihi quae vellem* statt *h.quae m. que v.* M H.
beruhen auf naheliegender Conjectur.

    Die zweite Gruppe bilden der Codex Rav., von welchem vor kurzem Boot in der zweiten Ausgabe der Briefe an Atticus S. XVI—XXIII eine werthvolle Collation publicirt hat, und die editio Jensoniana, wahrscheinlich auch A und F, Handschriften Malaspina's, welche Wesenberg im Werthe sogar über M stellt.

    Dem Rav. hat ein so besonnener Forscher wie Boot einen so bedeutenden Werth zugeschrieben, dass wir auf diese Handschrift etwas genauer eingehen müssen. Nachdem Th. Mommsen 1487 dieser Handschrift das glänzende Zeugniss ertheilt hatte: »Scriptus est saeculo XIII litteris luculentis et pulchris« und »codex praeclarus est omniumque qui adhuc extant epistolarum ad Atticum librorum manu scriptorum sine ullo dubio antiquissimus« wurde dasselbe wohl mit Recht von Detlefsen dahin berichtigt: codicem potius saec. XV medio scriptum esse puto etc. Für diese Annahme sprechen auch die

---

13) Wochenschrift für klass. Phil. 1886 S. 935.

Randnoten des Schreibers: *erat M. tullius librorum avidus sed in ea re cedebat tibi florentine* und *scripserat cicero novem libros de r. p. quos postea admonitus sallustio mutavit in sex. sed utinam in luce essent.* Endlich scheint auch der Umstand, dass der Schreiber Griechisch verstand, eine gewisse Verbreitung der humanistischen Studien vorauszusetzen. Vermuthlich ist der Rav. ein Excerpt aus einer jener jungen Handschriften, welche wie z. B. M 49, 23 die Bücher der ganzen Gruppe A in fortlaufender Nummer zählen, sodass z. B. die ep. ad Oct. als lib. V und das erste Buch ad Att. als lib. VI erscheint (vgl. Boot S. XVI). Endlich ist Rav. auch nicht frei von offenbaren Conjecturen. Ich denke, auch Rav. sammt den andern Gliedern, die ich zur zweiten Gruppe rechne, A F I wurzeln in einem Exemplare aus Poggio's Recension. Die Verwandtschaft ist unverkennbar, wenn man folgende Stellen vergleicht: No. 6, 7, 8, 10, 11, 12, 13, 20, 23, 30, 31; dazu noch z. B.

A I, 9, 2 *gymnasiode maxime* M,
  gymnasio maxime P Rav. I.
  17, 9 *Asiani* M¹ (das letzte *i* später auspungirt),
  Asiam P Rav. A F.

Aber freilich, Rav. A F I bieten mehr als den blossen Text Poggio's; die meisten Emendationen Niccolo's (M³) sind hier auf irgend welchem Wege in den Text gekommen z. B. No. 17, 21. Auf welchem Wege? Entweder ist M 49, 18 nach Niccolo's Correctur zur Ergänzung eines aus Poggio's Recension stammenden Exemplares herangezogen worden, — das müsste noch bei Niccolo's Lebzeiten, jedenfalls vor der Recension Bruni's geschehen sein, — oder Niccolo's Quellen, vermuthlich die Handschriften von Pavia, sind dazu benutzt worden. Wir erinnern uns hier daran, dass die Cod. Pap. 622 und 857 im Jahre 1464 für Signor Malatesta von Cesena copirt worden waren; vielleicht spielt diese Abschrift hierbei eine Rolle. Wie dem auch sein mag: jedenfalls geht die II. Gruppe auf eine oder mehrere Handschriften zurück, in welcher Poggio's Text mit den Ergänzungen der M³ verschmolzen war. Doch war die Heranziehung von M³ keine vollständige; von den Lesarten *l* liessen sich ihrer Beschaffenheit nach nur wenige brauchen z. B. A VII 3, 9 *l rationem* M³ *rationem* I; aber auch von M³ ohne Vorzeichen sind einige nicht herangezogen worden z. B.

ad Br. I 15, 10 *sumus habituri* M¹ I, *simus habituri* M².
16, 10 *Antonio Ciceronem* M¹ H P I, *A. merito C.* M².

Dagegen sind in Rav. A F I eine grosse Anzahl Stellen durch Conjectur und Interpolation getrübt z. B.

A I, 1, 2 *si in nostrum annum* M H P, *si animum in nostrum* Rav.
    2, 2 *Ianuario mense* M H P, *Ia. ineunte* I, *Ia. meunte* Rav.
    14, 3 *quem ego* M H P, *quem in aristocratia ego* I.¹⁴
    14, 5 *de provinciis* M H P, *de provinciis consularibus* Rav.
II, 9, 4 *audi quod* M, *audi ad id quod* F
    22 fin. *cura mi suavissime ut valeas* Rav.
III, 15, 1 *obiurgas* M *obiurgas et rogas* Rav. A I.
III, 27 fin. *plura non scribo; cura ut valeas* Rav. A I.
I, 19, 10 *soleta* P, *solaeta* Rav. *obsoleta* I σόλοικα A F.¹⁵

Angesichts dieser Thatsachen will es wenig bedeuten, wenn Rav. oder A F oder I an einigen wenigen Stellen mit Cratander's (C) oder Lambin's (Z) Randnoten übereinstimmen z. B. A I, 16, 13 *singulis tribubus* M *s. tribulibus* C Rav.; aber auch R bietet diese Lesart, offenbar durch Conjectur. Einigermassen bedenklich ist nur eine Stelle IV, 3, 5 *si sentitur ueiam obtulerit* M (Baiter) H,

    si se uti turbae iam obtulerit C Rav,

wo C und Rav. von M abweichen, ohne die Stelle zu heilen. Aber auch diese Uebereinstimmung kann recht wohl auf selbständiger Conjectur von Rav. oder seiner Vorlage beruhen, also eine zufällige sein. Denn wenn wir uns den Fall denken, dass Rav. in seiner Vorlage die Lesart M H gehabt, so liegt für einen, der überhaupt conjiciren will, nichts näher, als von dem unverständlichen *sentitur* das zu *obtulerit* unentbehrliche *se* abzutrennen, wie es z. B. auch I gethan, der Rest liess sich verschieden deuten. Rav. griff zum Nächstliegenden *uti turbae iam*, I schrieb weitschweifiger *ituro Lanuvium*

---

14) Die Interpolation beruht auf der Uebersetzung zu Ἀρίσταρχος von Chrysoloras (M²ᵇ): *princeps in aristocratia orationum*, welche in H und P übergegangen ist.

15) Malaspina giebt an, dass alle seine Handschriften σόλοικα lasen; da nun aber P *soleta* liest, so kann der von ihm mehrfach citirte *liber Poggii* nicht mit P identisch sein. Er hat wahrscheinlich H benutzt; dann ist seine Angabe über σόλοικα richtig; denn H hat, wie oben bemerkt, die grosse Lücke A I nicht ausgefüllt. Auch was M. sonst von den Lesarten seines *liber Poggii* berichtet, stimmt, soviel ich sehe, mit dem Texte von H.

rium Veiam[16]. Die allerdings auffällige Uebereinstimmung zwischen C und Rav. kann sich aber auch noch in anderer Weise erklären. Cratander's Randnoten enthalten nämlich nicht allein die Lesarten seines Codex vetus, sondern er hat dann und wann auch aus anderen Handschriften — wahrscheinlich italienischen Ursprungs — Lesarten vermerkt[17]. Im vorliegenden Falle aber bot der Codex uetus wahrscheinlich ebensowenig eine verständliche Lesart wie M und Z, deshalb hat Cratander vielleicht aus einer andern Handschrift, die mit Rav. verwandt war, seine Randbemerkung entlehnt. — Keinesfalls darf aus dieser Stelle der Schluss gezogen werden, dass der Schreiber des Rav. etwa die deutsche Handschriftenfamilie, welche durch C und die Würzburger und Mühlbacher Fragmente bezeugt ist, benutzt habe. —

Nach alledem muss Poggio als der Vater der italischen Vulgata gelten; sein Text war die ausschliessliche Vorlage zu der ersten Gruppe von Handschriften (M 49, 19, Ball. 248ᶜ, $, h, q, ψ, R etc.), die zweite Gruppe (Rav. A F I etc.) zeigt den Text Poggio's mit denselben Hilfsmitteln ergänzt wie M, aber auch durch weitere Conjecturen und Interpolationen getrübt. Diese Handschriften haben also neben M keinen selbständigen Werth, nur in der Constituirung des Textes der beiden grossen Lücken dürfen sie neben H und P mit äusserster Vorsicht benutzt werden.

---

16) Richtiger wäre wohl *si se vel in turba civium obtulerit*, wenn nicht etwa gar der ganze Satz *si sentitur reiam obtulerit, occisum iri ab ipso Milone video* auf einer alten Dittographie der vorausgehenden: *nisi ante occisus erit, fore a Milone puto* beruht.

17) Hofmann S. 36.

Drittes Kapitel.

Der Codex Dresdensis Dc 112 und der Guelferbytanus 11 Aug.

Adrian Turnebus führt in seinen Advers. lib. XVI, 8 (Paris 1580) zu der ep. ad Oct. einige von der Vulgata sehr stark abweichende Lesarten an z. B. § 1: *nulla remedia quae vulneribus adhibentur non faciunt dolorem, quamvis sint salutaria*, § 2 statt *absens proxim* M 11 etc. *absens pro me expostulem tecum atque ita dico pro me*, § 3 *donabat civitates immunitate et nationes, ex commentario dictaturam gerebat* ... || *prohibebat dictatorem creari, ipse regnabat in consulatu, unus provincias omnes concupierat*, § 4 *desperatam et afflictam* etc. Orelli-Baiter haben diese Lesarten in die Adnotatio critica mit aufgenommen, obwohl sie für die ep. ad Oct. nicht einmal die Lesarten des M 18 bieten. Wesenberg hat die Angaben des Turnebus sogar bei der Textgestaltung stark herangezogen, in der Baiter'schen Ausgabe von 1867 aber finden wir keine Spur von ihnen.

Auf welcher Seite liegt nun das Recht? Zunächst ist es interessant, die Gewissheit zu erlangen, dass Turnebus' Angaben nicht erlogen sind, da sich ein Vertreter jener Handschriftenclasse, die wir als Turnebus' Quelle anzunehmen haben, im Dresdensis Dc 112 erhalten hat. In dieser Handschrift entsprechen den vorerwähnten Stellen des Turnebus folgende Lesarten: *nulla remedia, quae vulneribus adhibentur, faciunt dolorem quamvis sint salutaria* || *absens pro me et p. expostulem tecum. Atque ita dico pro me* || *donabat civitates immunitate nationes ex commentario, dictaturam gerebat* ..'| .. *prohibebat dictatorem creari plebiscita contemnebat ipse regnabat in con-*

sulatu unus provincias concupiebat || *desperatam et afflictam etc.* Somit wird der Dresdensis De 112, der schon im Texte der Briefe F ganz besondere Verhältnisse aufzeigt, um ein Räthsel reicher. Zu Gunsten dieser Ueberlieferung spricht, dass § 2 statt des offenbar ungenügenden *absens prosim* eine wirklich befriedigende und auch keineswegs auf der Hand liegende Ergänzung geliefert wird; falls diese Ergänzung auf einer alten Handschrift beruhte, so müsste man annehmen, dass der Schreiber des Veronensis bereits von dem ersten *me* auf das zweite übergesprungen sei und dass dann aus dem sinnlosen *absens prome* die Lesart *absens prosim* hergestellt worden sei. Ferner stimmt § 4 mit *desperatam et afflictam* auch C überein, worauf indes nicht allzuviel zu geben ist. Zu Ungunsten dieser Ueberlieferung spricht, dass sich manche Theile der ep. ad Oct. in D wie eine freie Ueberarbeitung des in M überlieferten Textes lesen und dass die Lücke § 2 *post — postulantibus*, welche Poggio in H verschuldet hat, sich auch in D findet. Immerhin bleibt die Möglichkeit bestehen, dass wir es hier mit einem contaminirten Exemplar zu thun haben. Weitere Forschung wird darauf zu achten haben, ob sich etwa sonst noch Exemplare derselben Classe, welcher D zugehört, erhalten haben. Man wird zunächst in Frankreich suchen müssen, denn Turnebus schrieb seine Adversaria als Professor zu Paris. —

Etwas klarer liegen die Verhältnisse bei den Brutusbriefen, welche uns D, die zweite Hälfte des Briefes I, 18 ausgenommen, ebenfalls überliefert hat. Zunächst ist dieser Textestheil sicherlich auch nicht zum geringsten Theile aus einem Exemplar Poggio's geflossen. Denn es fehlen in D innerhalb der Brutusbriefe alle Conjecturen Poggio's z. B. I, 4, 5 *subicies* M D *facies* H P etc. || 9, 1 *medeare* M D *medicare* H P M 19 || 11. 2 *cupimus* M¹ D *c² cepimus* M² H P || 13, 1 *tuamque benevolentiam* M D *tuamque in me benevolentiam* H P etc. | 15, 9 *esset salutaris* M D *posset esse salutaris* H P etc. ||

Man könnte also annehmen, dass D direct aus M 18 abgeschrieben sei; aber D widerspricht mehrfach der Lesart von M² zu Gunsten von M¹ z. B. I, 3, 2 siehe unten No. 3; 8, 1 No. 12; 9,1 No. 13; 10, 4 No. 15 und 17, ja sogar in solchen Fällen, wo M¹ energisch durchstrichen oder, durch Rasur und Correctur unleserlich, nur mit Hilfe der Lupe zu erkennen ist z. B. 5, 3 No. 7; 13, 2

No. 26; 11, 2 No. 20. Man müsste also annehmen, dass D oder seine Vorlage noch vor Coluccio's Correctur aus dem unverbesserten Text von M¹ abgeschrieben sei. Dem widerspricht, dass D Verbesserungen und Ergänzungen bietet, die erst durch M² in den Text gekommen sind z. B. 10, 4 No. 18 und No. 19; 15, 1 No. 31. Demnach ist D überhaupt nicht aus M, sondern aus einer nah verwandten Handschrift abgeleitet. Ich denke zunächst an Petrarca's (?) Exemplar, den Pap. 610, doch ist natürlich auch eine andere Möglichkeit nicht ausgeschlossen, nur müssen wir uns unter dem Vater von D wegen des gleichen Textanfanges durchaus einen Abkömmling des Veronensis vorstellen. Eine Bereicherung des Textes aus D ist kaum zu erwarten, wohl aber häufig die Bestätigung des wichtigen M¹. — Noch beachtenswerther als D erscheint mir Cod. Guelferbytanus 11 Aug. (4¹⁰). Ehe ich mich über den sonstigen Inhalt und die Herkunft dieser merkwürdigen Handschrift verbreite, will ich eine Anzahl der Lesarten notiren, die seit Jahren mein Interesse für diesen Codex erregt haben[1]. Die entsprechenden Lesarten von D füge ich mit bei:

1) ad Br. I, 1, 2 *mavoll* M II, *l mavolunt* M², *marelit* W.
2) 3, 1 *meliore loco videbantur* M D, *meliorem ... videbantur* W.
3) 3, 2 *vigiliarum cepi* M¹ W D M³, *vigiliarum fructum cepi* M² H I R.
4) 4, 5 *reum subicies* M W D, *r. facies* H P I.
5) 5, 1 *servilius et cetera* M¹, *s. et ceteri* W, *s. etiam* M²D H P I.
6) 5, 1 *persequerere* M¹, *vel persequi* M³, *prosequere* D, *perseque* W.
7) 5, 3 *non petentis* M¹ W D, *non praesentis* M² H P I, *l potentis* M³.
8) 5, 4 *certiorem III nonas maias* M, *c. IIII non maias* D, *certiorem : ~ : ~ : ~* W.
9) 6, 2 *panse equi* M¹ W, *panse qui* M² D H I.
10) 6, 4 *drachinis* M¹, *dyrachinis* M² D, *chicanis* W.
11) 6, 4 *dyrachini* M, *chirachini* W.

---

[1] Nach Orelli-Baiter's Wunsch S. LIII: Nihilominus vellem accuratius inspiceretur codex iste Guelferbytanus: hat R. Heine (Fleck. Jahrb. 1878 S. 781 f.) den Codex untersucht und kam auf Grund einer leider sehr oberflächlichen und ungenügenden Collation zu dem Resultat, dass W eine der gewöhnlichen Handschriften der italienischen Vulgata sei.

12) 8, 1 *dare operam* M¹ W D, *navare operam* M² H P, *l dare* M³.
13) 9, 1 *fungre* oder *fungro* M¹, *fungerer* M² H I, *funereo* M³ W D.
14) 9, 2 *admisisti* M W, *amisisti* D H I.
15) 10, 1 *perspexi* M¹ W D, *perrexi* M² H I.
16) 10, 4 *plus voluerint quam* M D, *plus quam pulsaverit* W.
17) 10, 4 *est extincte* M¹, *extincta est* D, *est in te* M² W.
18) 10, 4 *publicam animi* M¹, p. *quam virtute atque a.* M² W D.
19) 10, 4 *attestaturus* M¹, *ad te futurus* M² W D.
20) 11, 2 *exercitum esse debet* M¹ W, *debet* durchstreicht M², am Rande *debet* M³, c. e. *debere* D.
21) 12, 1 *M. Lepidi* M, *idem Lepidi* W.
22) 12, 1 *Iuppiter omen* M, *utupũ* W.
23) 12, 2 *de vi damnatus* M, *de iuda natus* W.
24) 12, 3 *contni tum* M¹ (nur mit Lupe erkennbar), *contuitum* W, *cum tui tum* M² etc.
25) 13, 1 *De M. Lepido* M, *Deide Lepido* W.
26) 13, 2 *consulari tali viro* M¹ D, *tali* streicht M², *toli* o. W.
27) 13, 2 *K. qutilibz* M, *huc quatilibus* W.
28) 14, 1 *extrusi tabellarios* M, *extraxit ad bellarios* W.
29) 14, 1 *qui se* M, *et qui se* W.
30) 15, 1 *quibus igitur* M, *et quibus igitur* W.
31) 15, 1 fin: ϙ (missverstandenes Zeichen für *videatur*) M¹, dafür *videatur* M² W D.
32) 15, 2 *procchor amore* M, *pro ut hora more* W.
33) 15, 2 statt *non minus* hat M¹ W *nois* (Zeichen für *nominis*), gestrichen von M², welche dafür am Zeilenende *non minus* anschiebt.
34) 15, 3 *fortasse quod in* M, *fortasse quod vel quis in* W.
35) 15, 4 *his ardentibus* M, *zulðr dentibus* W.
36) ad Q. I, 3, 1 *laudandus* M¹ (radirt) W, *laudatus* M².
37) 3, 2 *dolor* M¹ W, *dolorum* M², *l dolor* M³.

Offenbar steht W mit der übrigen jüngeren italischen Tradition nicht in Beziehung. Es ergiebt sich aber auch, dass W nicht aus M abgeschrieben ist. Denn obwohl W einerseits mit M¹ an solchen Stellen stimmt, wo M¹ nach Rasur und Correctur Coluccio's ohne Lupe kaum mehr lesbar war z. B. No. 7, 12, 13, 24, 33, 36, so bringt doch W andererseits Ergänzungen und Correcturen, die erst durch M² in den Text gelangten z. B. No. 17, 18, 31. Immerhin gehört auch W

zu den Abkömmlingen des Veronensis, weil in W die Brutusbriefe
denselben Textanfang zeigen wie in M. Darauf führt auch die Verwandtschaft, welche zwischen W und den Lesarten 1 M³ zu bestehen
scheint z. B. No. 1, 6, 7, 12, 20, 37. Dass aber W aus einer alten,
schwer lesbaren, theilweise verrotteten Handschrift abgeschrieben ist,
schliesse ich aus folgenden Schreibfehlern z. B. No. 9 *panse e qui*,
offenbar stand in der Vorlage der Diphthong *pansae qui*; No. 11 *chirachini*, verlesen statt *durachini*; No. 21 *idem Lepidi* statt *M. Lepidi* und
No. 25 *Deide Lepido* statt *de M. Lepido* ist verlesen aus einer alten, halbuncialen Form des *M*; No. 27 *huc quatilibus* für *Kal. qntilibus*, ferner
No. 28 *extraxit ad bellarios* für *extrusi etc.* deuten darauf, dass die
Vorlage offenes *a* hatte, so dass es dem Schreiber schwer wurde,
a und *u* auseinanderzuhalten. In W taucht auch jenes sinnlose *et*
wieder auf, welches wir im Anfang von M kennen gelernt (vgl. S. 9)
z. B. No. 29 und 30, ausserdem deutet die Lesart No. 34 auf Varianten im Archetypus. Endlich beweisen Lücken im Texte, die der
Schreiber von W mit Punkten füllte z. B. No. 2, 8, dass der Text
der Vorlage stellenweise nicht mehr lesbar war. Alles in Allem hat
man den Eindruck, dass W mit seinen oft sinnlosen Lesarten z. B.
No. 6, 9, 10, 11, 13, 16, 22, 23, 24, 25, 27, 28, 32, 33, 35
ziemlich mechanisch aus derselben Vorlage wie M abgeschrieben
worden sei. Bisweilen hat der Schreiber allerdings Stellen, die er
nicht richtig lesen konnte, zu errathen versucht z. B.

5, 4 *magna sine perturbatione* statt *magna sane perturbatio* M.

10, 2 *Brute multa inde fuere pecata* statt *Bruto deinde ita multa pecata* M¹.

10, 4 *quo te feci Antonium* M¹, *quatefeci A.* M², *quam per te feci g-Antonium* W².

10, 4 *quam nostra aut M. quam nostra auctoritas* W.

14 fin: *persuadeo. Non tu idibus Martiis quibus servitutem a tuis civibus repulisti plus profuisti patriae.* (Das Uebrige hat der Schreiber
nicht lesen können) W.

Niemand wird in diesen unbeholfenen Abweichungen den Interpolator wittern. Der Schreiber von W übermittelt uns den Text
der Vorlage, so gut er es eben vermochte. Er fand aber in seiner

---

1. Demnach ist die Ueberlieferung des hier vielfach angefochtenen *quatefeci
Antonium* keineswegs sicher.

Vorlage nicht mehr als die Briefe ad Br. und ad Q. I, 3, wie auch die Subscriptio hinter ad Q. I, 3 besagt (s. u. Bl. 183), folglich war es nicht der ganze Veronesische Fund Petrarca's, der hier noch einmal auftauchte, sondern nur ein Trümmer desselben. Es ist von höchstem Interesse, Näheres über dieses abermalige Hervortreten des Veronensis zu erfahren. Vorsichtig suchen wir dazu vor allem die Anhaltepunkte zu benützen, welche W selbst bietet. Der Codex besteht aus zwei nach Alter und Schrift verschiedenen Hälften. Die erste Hälfte umfasst Bl. 1— .., und ist jünger als die andere Hälfte; sie enthält z. B. *Canonicorum Brixiensium epp. duae 1) ad papam Pium II. etc. 2) ad cardinales ecclesiae Romanae dat. 25 Mart. 1462.* —

Die zweite Hälfte Bl. 142—221 ist beträchtlich älter und bildete ehedem ein selbständiges Ganze, wie die Unterschrift Bl. 221 beweist (s. u.)

Dieser ursprünglich selbständige Buchtheil zeigt folgenden Inhalt:

Bl. 142 *Plinii oratoris atque philosophi. Incipiunt epistolae centum.*

Bl. 174 *Secundi plinii oratoris atque philosophi expliciunt epistolae centum.*

Marci Tullii Ciceronis. Incipiunt eple. Scribit tullio bruto rogans eum de quodam suo amico qui accusatus erat apud eum cp l.[3]

Bl. 183 *Expliciunt quot potuerunt inveniri eple tulii p. M. Ni. de Muglio vatem egrium.*

Bl. 184 *Incipiunt notabilia dni francisci petrarce de vita solitaria*

Bl. 192 *Explicit liber dni francisci petrarche de vita solitaria amen. Incipit liber qui intitulatur Sine nomine Dni f. petrarche.*

Bl. 204' *Explicit liber qui intitulatur sine nomine editum ab eximio poeta dno francischo petrarcha de Florentia. Immortalis est veritas, sic fictio et mendacium non durat . . Amen.*

Bl. 205—207 *epistula presbyteri Johannis*, dann die Verse:

> *Sero fine pia laudetur virgo Maria*
> *Hodie quando lata fuit seri astra beata*
> *Anno milleno centeno terque tricesimo primo*
> *Atque nonageno sextilis decimo quinto.*

Dann folgen verschiedene Schriftstücke von verschiedenen Hän-

---

[3] Ein kurzes Summarium findet sich über jedem Briefe; das unbehülfliche Latein derselben lässt wohl auf den Schreiber von W als Verfasser schliessen.

den, vorwiegend ethisch-religiösen Inhalts, Briefanfänge z. B. *Et ego petrus supplico Reverentiam vestram etc. . . Schenkenberger lat mich euch empholhn . . . . Wir Hertzog fridreich von gottes gnaden etc.* Endlich Bl. 221 die Unterschrift: *Hic liber continet plurima utilia et notabilia. Continet autem aepistolas plinii tullii francisci de vita solitaria cum libro sine nomine et quaedam Collucii*[1].

Der Schreiber des Codex W war offenbar geistlichen Standes; die epistula presbyteri Johannis wurde nach den leoninischen Versen Bl. 207 am 15. August 1421 vollendet; nach Tyrol führen uns die zwei Briefe der Canonici von Brixen im ersten Theile der Handschrift. Weitere Schlüsse gestatten zahlreiche Federzeichnungen, die der Schreiber, offenbar zu seiner Erholung, am Rande ausgeführt hat. Da finden wir z. B. Bl. 202 das Bild eines bärtigen Mannes mit Schild, welcher die Inschrift trägt *Oswald' D. WO[lkenstein]*. Der Vergleich mit dem Steinbilde des berühmten Minnesängers am Dome zu Brixen lehrt, dass wir es hier unzweifelhaft mit einem Portrait Oswalds von Wolkenstein zu thun haben, welcher also zu dem Schreiber der Handschrift in Beziehung stand. Die Wolkensteiner Burgen aber liegen im Sprengel des Bisthums Brixen. Des Wolkensteiners Bild in unserer Handschrift ist uns zugleich der Schlüssel zum Verständniss der übrigen Federzeichnungen in derselben. Ausser andern Vögeln begegnet uns sehr häufig die Gans z. B. Bl. 167 am untern Rande eine fliegende Gans, ebenso Bl. 194ʳ und gegenüber Bl. 193ʳ ein zweigehörntes Wesen, welches mit einer Waffe dreinschlägt, endlich Bl. 197 eine fliehende Gans, welche von einem Hahn mit Wolfsrachen verfolgt wird. Die Gans ist Huss, der böhmische Reformator, dessen Process und seine Folgen zur Zeit, als W geschrieben wurde, in aller Munde war. Den innersten Sinn dieser Zeichnungen aber eröffnet uns erst das Gedicht des Wolkensteiners: Appell an das edle Federspiel gegen die Gans[5]:

---

[1] Unter *quaedam Collucii* sind wohl die *sententiae quaedam* Bl. 207—209 zu verstehen.

[5] Da mir ein Originaltext nicht zur Verfügung steht, citire ich nach der Uebersetzung von Schrott, Stuttgart 1886 S. 63. Vgl. die geistreiche Auslegung des Gedichtes bei Weber »Oswald v. Wolkenstein und Friedrich mit der leeren Tasche« S. 318f.

Ihr Pilgerfalken, edel, klug,
Mit Recht ist euer Name hochgepriesen,
Viel höher schwingt sich euer Flug,
Als er den andern ist gewiesen.
Ein Meister hat vom Oberland[6]
Euch Fuss und Schnabel, scharf verhornt, gebogen.
Bereuen soll es euer Stand,
Dass ihr den Zorn des Herrn herabgezogen.
Erst mausert und verjüngt euch, dann
Frisch auf die Gans geflogen! etc.

Der Zusammenhang zwischen diesen Versen Oswalds und den Zeichnungen in W ist ganz unverkennbar. Das Gedicht, in welchem Huss als noch lebend angeredet wird (Strophe 5), ist sicherlich in Constanz selbst verfasst, noch bevor die Execution an Huss vollzogen war. Gleichzeitig, also 1414—1415, ist W ebenfalls in Constanz von einem Oswald befreundeten Geistlichen des Sprengels Brixen geschrieben worden. Woher hatte dieser das Fragment des Veronensis? Das sagt mit klaren Worten die Unterschrift: *per M. Nic. de Muglio vatem egregium*. Ein Dichter dieses Namens ist nicht bekannt — es müsste denn eine Verwechslung mit dem als Handschriftenjäger bekannten Dichter *Benedetto da Piglio*[7] vorliegen — dagegen wissen wir von einem *Pietro da Muglio*, einem Freunde Petrarca's und Boccaccio's, welcher 1382 zu Bologna als Professor der Grammatik und Rhetorik starb[8]. Er war berühmt durch seine Memorierverse, durch die er z. B. den Inhalt der Tragödien Seneca's den Schülern einprägte. Vielleicht war M. Niccolo da Muglio sein Sohn. — Das Schicksal des Veronensis ist dunkel, seit er aus Coluccio's Händen war; Muglio hatte den versprengten Trümmer desselben wohl auf der Reise nach Constanz oder unter den Büchern irgend eines der beim Concil erschienenen Praelaten ermittelt. Der Fund machte bei den Humanisten von Fach gewiss wenig Aufsehen, hatte man doch damals bereits vollständige Exemplare zu Florenz. Aber das Tyroler Pfifflein, wahrscheinlich germanischer Herkunft, copirte die armseligen Trümmer,

---

6) d. i. Gott oder Christus.
7) Voigt I, 239.
8) Voigt II, 48.

so gut es die mangelhafte lateinische Bildung erlaubte. Ein unbestimmtes Gerücht von diesem Funde mag immerhin nach Italien gedrungen sein: es wurde die Quelle für Biondo's dunkle und übertriebene Notiz (Ital. illustr. S. 346) . . *Quintilianusque integer repertus a Poggio primum transcriptus in Italiam venit secutaeque sunt incerto nobis datae libertatis patrono Ciceronis ad Atticum epistolae.*

Für die Textgestaltung ist W als ziemlich gleichwerthig mit M^1 zu betrachten, in der Ueberlieferungsgeschichte aber hat W wohl als der erste Schössling der wiederaufgefundenen Briefe Cicero's zu gelten, welcher in Germanien geschrieben und verblieben ist. —

Zum Schluss erlaube ich mir, die wichtigsten Resultate meiner Untersuchung zusammenzustellen.

Die alte italienische Ueberlieferung der Briefe Cicero's ad Brut. Q. A. stammt vermuthlich aus der späteren Karolingerzeit und war wohl ursprünglich in folgende drei Gruppen gesondert:

I) ad Brut. liber IX + ad Q. lib. I—III. + ep. ad Oct.

II) A lib. I—VIII

III) A lib. IX—XVI

Gruppe III lag vor in dem Papiensis 622 (S. 50 f.), der wahrscheinlich aus der Bibliothek der Carrara zu Padua stammte, Gruppe I + II vereinigte der Codex Capra's (S. 59 f.), alle drei Gruppen enthielt der Veronesische Fund Petrarca's; doch zerfiel der letztere vielleicht in 3 getrennte Handschriften. Vereinigt wurden diese Gruppen 1) in der eigenhändigen Copie Petrarca's[9] (Papiensis 610, vgl. S. 49 f.) 2) in dem für Coluccio geschriebenen M 49, 18. Was der Veronensis bieten konnte, ist in dieses Exemplar durch Coluccio eingetragen worden (M^2; vgl. S. 21 f.), das Ergebniss einer Vergleichung der Handschriften von Pavia und des Codex Capra's hat Niccolo ein-

---

[9] In diesem Zusammenhange wird auch eine Stelle aus der vita Petrarchae des alten Florentiners Manetti verständlich (vgl. Mehus Specimen historiae litterariae S. 55) *Nam et primus (Petrarcha) . . . eius epistolas prius hinc inde varie dispersas eo ordine, quo nunc ridemus, in sua volumina redegit.* Manetti selbst besass sowohl Cicero's Briefe F., als auch A in zwei c. 1410 geschriebenen Bänden, jetzt Palat. 1495 und 1496 vgl. Ebeling Philol. 1883 S. 403.

gezeichnet (M^3 vgl. S. 58 f.). Aus den letztgenannten Textquellen entnahm Niccolo auch die Füllungen für die beiden grossen Lücken in A I und am Schlusse der Briefe (S. 84 f.), doch sind die wohl von Niccolo geschriebenen Ergänzungsblätter dem M 49, 18 später wieder verloren gegangen. Demnach repräsentirt M 49, 18 — abgesehen von den Lücken — die gesammte alte italische Ueberlieferung, soweit wir von derselben Kunde haben.

Die Verbreitung von Cicero's Briefen A begann erst nach Coluccio's Tode. Wir wissen nur von 2 directen Copien des M 49, 18; die erste schrieb Poggio 1408 (Berol.-Hamilton 166), im Anschluss an M^2 (S. 81 f.); die zweite Copie schrieb c. 1415 der Venezianer Francesco Barbaro (S. 78). Die jüngere italische Ueberlieferung lehnt sich an Poggio's Recensionen an und zerfällt in zwei Handschriftenclassen:

1) solche Handschriften, in denen der Text Poggio's (H, P) lediglich durch Conjectur weitergebildet zu sein scheint wie z. B. in M 49, 19, β h q ψ R etc. (S. 88 f.)

2) solche Handschriften, deren Text ausser durch Conjecturen noch durch die von Niccolo benutzten Codices beeinflusst erscheint[10] z. B. Rav. I, A, F etc. (S. 93 f.)

Auf Petrarca's Exemplar, welches wohl bei der Verzettelung der Bibliothek von Pavia durch die Franzosen unterging (S. 56 f.), geht vielleicht der Text der Brutusbriefe im Dresd. Dc. 112, auf einen Trümmer des Veronensis der Codex Guelferbytanus (W) zurück. —

Für die Textgestaltung ergiebt sich Folgendes:

Um die italische Ueberlieferung[11] für die dringend nöthige Neubearbeitung des Textes wirklich auszubeuten, muss zunächst eine gründliche Collation des M 49, 18 angefertigt werden, welche auf den von mir gewonnenen Anschauungen über die Correcturen fusst. Bei der Textgestaltung ist immer von M^1 (in den Brutusbriefen und

---

10) Möglich ist es auch, dass der Ertrag der Textvergleichungen Niccolo's durch das venezianische Exemplar des Barbaro in diesen Theil der jüngeren Handschrift gelangte. Vgl. Ztschr. f. Allg. Gesch. 1886, S. 413.

11) Selbstverständlich muss bei der neuen Ausgabe die deutsche Ueberlieferung (C. Virceb. etc) sowie die französische (Z) herangezogen werden; diese haben indess ihre besondere Geschichte. Die englischen Handschriften sind, soweit ich von ihnen Kunde habe (z. B. Cod. Bodl. 197 und 244), italischen Ursprungs.

ad Q. I, 3 kommt dazu W) auszugehen. Gleichwerthig sind die Ergänzungen und Correcturen Niccolo's (M³); auch Coluccio's Ergänzungen sammt den Lesarten *al m. 2* sind zuverlässig, während seine Correcturen ohne Vorzeichen (M²) nicht ganz frei von Conjecturen sind. Je näher diese Correcturen der m. 1 stehen, um so mehr haben sie Anspruch darauf, als überliefert zu gelten. Jedenfalls aber ist der Text von den Conjecturen Poggio's und Bruni's, die sich in nicht unbeträchtlicher Zahl in Baiter's, in weit grösserer Zahl in Wesenberg's Ausgabe finden, zu reinigen.

Für die Lücke A I ist das älteste derjenigen Exemplare, welche die Ausfüllung besitzen, zu Grunde zu legen, also vielleicht der aus Italien stammende Parisinus 8537, welcher 1415 geschrieben ist (vgl. Detlefsen Fleck. Jahrb. 1863 S. 571 f.), auch Rav. I etc. können hierzu herangezogen werden. Für das Schlussstück der Briefe A muss Poggio's Abschrift H zur Grundlage dienen. —

Es ist aber sehr wohl denkbar, dass bei weiterer Nachforschung noch bessere Textquellen für die Füllung der Lücken des M 49, 18 zum Vorschein kommen können. Unter den noch nicht genauer untersuchten italienischen Handschriften dürften wohl diejenigen eine besondere Berücksichtigung verdienen, welche in ihrem Textbestande an die alte Dreitheilung der Gruppe A erinnern, wie z. B. cod. Badia 2844 (ora 49), welcher die Lücke in A I nicht hat, aber VII, 21, 1 schliesst: *nec enim conquisitores*, und cod. 8 der bibliotheca Laudiana zu Piacenza, der mit den Briefen an Brutus beginnt und A VII, 22 schliesst: *et ipse quid sis acturus. Marci Tullii Ciceronis epistolarum liber ad Atticum explicit.*

In Betreff der Tafel 3 ist zu bemerken, dass auf ihr die beiden letzten Zeilen der Seite fortgelassen sind. Ferner waren am linken Rande die Worte: *Cesius, Apamensis, Antander, Nicias, Nymphontes* (von Coluccio), *Nugas* (von Acciaiuoli) bei der Zinkätzung ineinander geflossen und mussten nachgravirt werden, wobei der Originalcharacter der Züge gelitten hat. Doch sind die Original-Photographien auf der Königl. öffentl. Bibliothek zu Dresden deponirt und dort einzusehen.